민들레 홀씨처럼

민들레 소녀와 바보의사 장기려 이야기

글 전은애
엮은이 최혜정

이야기를 엮으며

우리의 삶은 사람과의 만남입니다. 우리가 일생동안 경영하는 일의 70%가 사람과의 일입니다. 좋은 사람을 만나고 스스로 좋은 사람이 되는 것이 나의 삶과 우리의 삶을 아름답게 만들어가는 일입니다.   - 신영복

참 좋은 말입니다. 더불어 살아가는 우리가 좋은 사람을 만나 좋은 인연을 만들고 스스로 좋은 사람이 되려 한다면 우리의 삶은 아름다워질 것이 분명하니까요. 그래서 저는 '인연'이라는 말이 참 좋습니다.

처음 이모께 장기려 박사님 이야기를 들었을 때 저는 무척 신기했습니다. 한국의 슈바이처, 옥탑방의 성자, 바보 의사, 여러 가지 호칭으로 불리며 이미 위인전에 등장하는 인물이 되신 장기려 박사님이 이모의 잊지 못할 인연이라니 놀랍기도 했습니다. 이모께 그분의 이야기를 써보시라 부탁했습니다. 어떤 이야기든 의미 있는 이야기가 될 수 있으리라 믿었기 때문입니다. 그리고 어느 날 이모는 저에게, 마음을 담은

이모의 이야기와 그 시절 추억이 담긴 낡은 흑백 사진들을
내어주셨습니다.

자신을 '민들레 아이'라 기억하는 나의 이모, 아직도 열여
덟 살 소녀의 마음으로 박사님의 사랑을 기억하는 나의 이
모. 이모의 이야기는 다사다난했던 박사님의 삶 한 귀퉁이
에 피어난 아주 작은 인연일 뿐입니다. 그러나 그 작은 인연
이 이모를 다독이고, 이모를 씩씩하게 세우고, 이모를 키워
내 오늘의 전은애를 만든 것입니다.

책의 1부는 장기려 박사님을 만났던 시간들을 추억하며
이모가 들려주는 이야기입니다. 1966년, 어린 소녀 은애가
우연히 장기려 박사님을 만나 그분의 삶을 배우고 그분의
가르침을 따라 살겠다고 결심했던 순간들의 이야기입니다.
이제는 일흔이 넘은 여인이 된 은애가 박사님과의 기억이
가득한 추억 상자를 다시 열어 소중한 인연을 되돌아보았습
니다.

1부 이야기에 담긴 장기려 박사님의 편지는 당시의 말을
그대로 담기 위해 지금의 맞춤법에 맞춰 고치고 정리하지
않았습니다. 마치 박사님의 음성을 듣는 듯 생생한 이야기
가 되리라 생각합니다.

책의 2부에는 치열했던 시간을 씩씩하게 살아온 은애의 삶과 이 땅의 슈바이처로 살아오신 장기려 박사님의 삶을 담아놓았습니다. 두 사람의 삶이 다른 듯 닮은 이유는 대한민국의 어려운 시대를 같이 견뎌왔고 같이 성장해왔기 때문이 아닐까 생각하게 됩니다.

은애의 추억 상자 속에는 박사님의 사진이 있고, 박사님의 편지가 있고, 박사님의 선물들이 가득 들어있었습니다. 그 모든 사랑으로 은애는 머나먼 타국에서 버티고 견디고 성장해 유일무이한 한 사람으로서 삶을 살아내었습니다. 가만히 돌아보면 이 땅 곳곳에, 그리고 이 세상 곳곳에 장기려 박사님이 값없이 뿌린 사랑의 씨앗들이 쑥쑥 자라 환하게 꽃을 피우고 있을지도 모르겠네요. 이렇게 마음을 다해 사랑하고 마음을 다해 살아내는 삶들이 조금 더 많아진다면 이 세상이 조금 더 아름다워지리라 믿으며 이 책을 세상에 내어놓습니다.

2020년 장기려 박사님 25주기 해에
엮은이 최혜정

이야기를 시작하며

내가 태어난 곳은 황해도 진풍면 내안리입니다. 내가 자란 곳은 부산시 중구 아미동입니다. 그리고 내가 살아 온 곳은 고국에서 만구천 킬로미터나 떨어진 스웨덴입니다. 황해도에서 태어나 부산까지 피난을 내려오고 다시 멀고 먼 나라 스웨덴까지 가서 살며 나의 삶은 한 번도 이방인이 아닌 적이 없었습니다. 이제 스웨덴에서 살아온 시간이 한국에서 산 시간보다 훨씬 더 길어졌고 한국어보다 스웨덴어를 더 잘하지만 나는 여전히 이곳에서 검은 머리, 황색 피부의 이방인입니다. 사랑하는 가족과 좋은 친구들이 있고 나의 삶의 터전이 여기 스웨덴에 있지만, 나는 여전히 고향이 자꾸 그리워집니다.

그래도 나는 나의 소중한 삶을 붙들고 용감하게 살아왔습니다. 힘들어 주저앉고 싶을 때도 수없이 많았지만, 그때마다 나를 위해 기도하는 한국의 가족들을 생각하며 힘을 내었습니다. 그리고 감사하게도 나에게 힘이 되어 준 사람이 또 한 분 있었습니다. 그분의 사랑은 나를 단단하게 해주었으며 나의 삶을 의미 있게 해주었습니다. 바로 장기려 박사님입니다.

박사님은 나에게 그저 아버지 같은 분이었고, 은인 같은 분이셨습니다. 그런데 오랜 시간이 지난 뒤 한국에 돌아와 보니 그분은 어려운 사람을 돕고 의롭게 살아 온 한국의 슈바이처 같은 분이 되어 있었습니다. 박사님의 사랑이 크고 넓어 나뿐만 아니라 많은 사람들에게 전달되었기 때문이겠지요. 박사님은 그런 분이셨습니다.

이제 박사님은 이 땅에 계시지 않지만, 그분을 추억하는 사람들이 많아졌습니다. 나도 그분을 다시 추억해봅니다. 벽장 한 켠에 소중히 간직해두었던 나의 낡은 상자들을 꺼내 그 속에 꼭꼭 담겨있던 박사님과의 이야기를 꺼내놓았습니다. 상자 가득히 들어있던 박사님의 편지와 사진, 선물들을 다시 꺼내 보며 박사님의 사랑을 되새길 수 있었습니다.

어린 시절 나의 별명은 '민들레 아이'였습니다. 친구들은 가난하고 힘든 삶을 씩씩하게 살아내는 내 모습을 보며 추운 겨울을 이기고 딱딱한 땅을 용감하게 밀고 나와 봄을 맞이하는 민들레 같다고 했습니다.

장기려 박사님도 언 땅을 박차고 나온 민들레 같은 분입니다. 전쟁과 이산가족의 아픔을 이기고 폐허 같던 한국 땅에 자신이 가진 의술의 힘으로 사랑의 꽃을 피우신 분입니다. 온 힘을 다해 꽃을 피우고 사랑의 마음을 담은 홀씨를 세상 이곳저곳으로 날려 보내셨습니다. 박사님이 날려 보내신 민들레 홀씨 중의 하나가 바로 '나'입니다. 나는 민들레 홀씨가 되어 날아가 다른 땅에 뿌리를 내리고 다시 노랗고 예쁜 민들레 꽃을 피웠습니다.

"You cannot step twice into the same river, for other waters are continually flowing on it. There is nothing permanent except change. Nothing endures but change."

우리는 똑같은 강물 속에 두 번 들어갈 수 없다. 왜냐하면, 다른 물들이 그 위에 계속 들어오기 때문이다. 변화 이외에 영원한 것은 없다. 변화 이외에 남는 것은 하나도 없다.

그리스의 철학자 헤라클레이토스의 말입니다.

이제 나는 한국을 떠날 당시, 만 열여덟 살의 꿈 많던 소녀가 아닙니다. 벌써 일흔두 살이 되었습니다. 마음은 아직도 소녀인데 말입니다. 영원한 것은 없습니다. 기쁨도 영원하지 않지만 슬픔도 영원하지 않습니다. 삶도 영원하지 않기에 지금, 이 순간 나의 삶은 소중합니다. 나는 이 책을 읽는 모든 사람들이 변화하는 삶 속에서 자신을 변화시키며 용기있고 멋지게 살아가기를 바랍니다. 아무것도 아닌 것 같은 씨앗이 언 땅을 박차고 솟아올라 새싹이 되고, 다시 민들레꽃이 되고, 홀씨가 되고, 또다시 꽃을 피우는 것처럼요.

2020년 12월
장기려 박사님을 기리며
전은애

차 례

 1부 | **만남**

2부 | 다시 피어난 민들레

1부

만남

소녀 은애와 장기려 박사님은
1966년 부산 복음병원이 막 기지개를 켤 무렵 만났습니다.

그 당시 장기려 박사님은 무료병원이었던 복음병원을 키워
더 많은 사람이 전문화된 진료의 혜택을 받을 수 있도록
발전시키고 있었습니다.
또한 그 당시 부족하기만 했던
의료인들을 키워내는 것을 사명으로 여기며
간호대학과 의과대학 설립을 추진하고 계셨습니다.

전쟁을 피해 부산으로 피난 왔던 은애의 가족은
휴전으로 인해 영영 고향으로 돌아가지 못하고 말았습니다.
은애는 가족과 함께 피난살이의 고단함을 이겨내야 했고
낮에는 일하고 밤에는 공부하는 야간학교 학생이 되었습니다.
열아홉 살 은애는 간호보조원으로 복음병원에서 일했습니다.
그곳에서 만난 장기려 박사님은
은애의 삶을 바꾸어 놓았습니다.

복음병원의 아침

"어서 일어나 조회 시간 늦지 않게 모두 서두르자!

누가 먼저랄 것도 없이 아침에 눈을 뜨면 서둘러 조회 갈 준비를 했다. 피곤하고 졸리지만, 누구 하나 불평하는 사람이 없었다. 병원 갈 채비를 말끔하게 하고 모두 함께 병원 식당으로 향했다. 기숙사가 병원 바로 옆에 있어서 병원까지 가는 길이 힘들진 않았다. 아침 출근길은 언제나 상쾌하고 즐거웠다.

복음병원은 나의 일터였지만 내게 살아갈 힘을 주고 즐거움을 주는 곳이기도 했다.

복음병원에서 일하는 모든 사람은 매일 아침 한곳에 모였다. 회진이 시작되기 전, 의료진은 물론 병원에서 일하는 모든 사람이 모여 예배와 기도를 드렸다. 예배가 끝나면 모두 한 가족 같이 모여 아침 식사도 했다. 장기려 박사님이 만드신 병원의 전통이었다. 간호 보조 일을 맡고 있었던 나도 날마다 그 자리에 참석하여 박사님의 말씀을 들으며 하루를 시작했다.

1966년 6월 10일 금요일 아침, 나는 여느 날과 다름없는 아침을 맞이했다. 그러나 그날 아침은 내게 평생 잊지 못할 순간이 되었다. 그날은 식사 전에 바울서신 중 하나인 고린도전서를 돌아가면서 읽었다. 알고 있던 말씀이지만 그날따라 성경 말씀 한 절 한 절이 내 마음에 꾹꾹 심어졌다.

"내가 사람의 방언과 천사의 말을 할지라도
사랑이 없으면 소리 나는 구리와 울리는 꽹과리가 되고
내가 예언하는 능력이 있어
모든 비밀과 모든 지식을 알고
또 산을 옮길 만한 모든 믿음이 있을지라도
사랑이 없으면 내가 아무것도 아니요,
내가 내게 있는 모든 것으로 구제하고
또 내 몸을 불사르게 내줄지라도 사랑이 없으면
내게 아무 유익이 없느니라."
(고린도전서 13장 1~3절)

한국 전쟁이 났을 때 내 나이는 고작 세 살이었다. 가족들과 함께 이북에서 피난 내려와 부산에서 살면서 우리 집은 한 번도 가난하지 않은 날이 없었다. 가난에서 벗어나고 싶었고, 하고 싶은 공부도 맘껏 하고 싶었다. 엄마와 언니, 온 가족이 삯바느질에, 보따리 장사, 공장 일까지, 할 수 있는 일은 뭐든 해가며 가난에서 벗어나려 했지만 쉽지 않았다.

나 역시 낮에는 일하고 밤에는 야간학교에 다니며 힘들게 살 수밖에 없었다. 지긋지긋한 가난에서 벗어나고 내가 하고 싶은 일을 하며 사는 방법은 오직 공부밖에 없다고 생각했다.

그런데 성경 말씀은 그 어떤 능력보다 중요한 것이 '사랑'이라고 했다. 예언하는 능력이 있어도 모든 지식을 알고 산을 옮길 만한 믿음이 있어도 사랑이 없으면 아무것도 아니라고 했다. 사랑을 전하는 일은 안중에도 없이 아무것도 아닌 것에 매달려 온 내가 부끄러워졌다.

"사랑은 오래 참고, 사랑은 온유하며,
시기하지 아니하며, 사랑은 자랑하지 아니하며,
교만하지 아니하며, 무례히 행하지 아니하며,
자기의 유익을 구하지 아니하며,
성내지 아니하며, 악한 것을 생각하지 아니하며,
불의를 기뻐하지 아니하며, 진리와 함께 기뻐하고,
모든 것을 참으며, 모든 것을 믿으며,
모든 것을 바라며, 모든 것을 견디느니라."
(고린도전서 13장 4~7절)

성경 말씀을 함께 읽고 찬송을 부른 후에는 늘 장기려 박사님의 말씀을 들었다. 조회에 나온 모든 사람은 박사님을 존경했고, 박사님의 말씀에 귀를 기울였다.

"사랑이란 모든 사람을 인격적으로 대하며 아랫사람에게도 명령하지 않는 것입니다. 사랑은 오래 참고, 온유하며, 교만하지 않으며, 불의와 짝하지 않고, 모든 잘못을 용서하는 것입니다. 오늘도 간호의 임무를 사랑으로 하게 되기를 기도합니다. 우리는 하나님의 심부름꾼임을 잊지 마십시오. 또한, 직원 여러분 한 사람 한 사람이 하는 일들이 모두 환자를 구하는 중요한 일임을 잊지 마십시오."

나는 그해 8월에 한국을 떠났다. 나를 잘 아시는 남도여중 교장 선생님께서 스웨덴 가정에서 아이를 돌보는 일을 하면 돈도 벌 수 있고 공부도 할 수 있다고 추천해주셨다. 나는 새로운 삶을 살기 위해 머나먼 이국땅 스웨덴으로 가야겠다고 결심했다. 그곳에 가서 열심히 공부하여 장기려 박사님처럼 세상에 쓸모있는 사람이 되어야겠다고 생각했다. 내가 한국을 떠나 홀로 타국으로 가서 열심히 일하며 54년이란 세월을 견뎌낼 수 있었던 것은 고린도전서 13장의 말씀과 그날 장기려 박사님의 말씀 덕분이었다. 나는 스웨덴에서 간호사 공부를 했다. 그리고 박사님의 말씀처럼 환자들을 사랑으로 대하려고 노력했다. 환자들을 나의 친엄마, 친가족과 같이 대하며 간호하려고 노력했다.

박사님의 과일 바구니

복음병원의 하루는 매일 매일 바빴다. 늘 병실이 꽉 찰 만큼 환자들이 북적였고 의사 선생님이나 간호사들 모두 많은 환자들을 돌보느라 진땀을 뺐다. 하지만 누구 하나 불평하는 사람 없이 기쁜 마음으로 일했다. 장기려 박사님이 늘 강조하시듯 하나님의 사랑으로 사람들을 대하려고 노력했기 때문이다.

병원에는 외과 의사로서의 박사님의 실력 때문에 찾아오는 환자도 많았다. 바쁜 와중에도 연구를 게

을리하지 않으시고 어려운 수술도 마다하지 않고 최선을 다하시는 박사님의 모습은 누구나 존경할 만했다.

그러나 박사님은 늘 겸손하셨고, 욕심도 없으셨다. 박사님께 돈이나 명예는 중요하지 않았다. 박사님께 한 가지 욕심이 있다면 하나님의 말씀대로 살려는 욕심뿐이었다. 언제나 사랑을 실천하려고 하셨고, 무엇이든 남김없이 나누어주려고 하셨다. 복음병원의 원장이셨지만 집 한 채 없이 병원 사택에서 사시며 병원과 환자들을 돌보셨다. 소박하게 사시며 간호 보조 일을 하는 나 같은 학생들도 소홀히 대하는 법이 없으셨다.

어느 날 회진 후에 박사님은 나를 박사님 방으로 부르셨다. 그리고 커다란 과일 바구니 하나를 주셨다. 그 과일 바구니는 박사님의 진료를 받고 회복한 환자가 박사님께 감사의 선물로 드린 것이었다. 가난한 시절이었지만 가끔 부자 환자가 병원에 오면 박사님께 이런 선물을 드리곤 했다. 박사님은 과일 바구니를 주시며 말씀하셨다.

"은애야, 이거 가져다가 가난한 환자들한테 모두 나눠주어라."

박사님은 언제나 아무것도 아까워하시지 않고 환자들을 위해 내어주시는 분이셨다. 자신은 가진 것이 없어도 환자들에게는 끝없이 사랑을 베푸셨다.

시든 장미의 아름다움

　박사님은 언제나 자신보다 다른 사람을 돌보는 분
이셨다. 밤낮없이 환자들을 위해 봉사하시는 모습을
보며 복음병원에서 일하는 사람 모두가 박사님을 존
경하지 않을 수 없었다. 또한 의사로서 전문성을 갖
추기 위해 연구도 열심히 하는 분이셨다. 박사님은
그 당시 한국인에게 발병률이 매우 높았던 간암에
관한 연구를 하셨다. 그리고 한국 최초로 간암 환자
의 수술에도 성공하셨는데 그 때문에 간암 환자들이
복음병원을 많이 찾았다.

내가 만난 간암 환자 중에는 지금까지도 기억에 남는 한 분이 있다. 그분과의 에피소드는 복음병원에서의 소중한 추억이 되었다. 그분은 나이가 많으신 어르신이셨는데 간암 수술을 받고 입원해 계셨다. 큰 배의 선장을 하시던 그분이 병실에서 매일 하는 일은 단 한 가지였다. 침대에 누워서 아무 말 없이 송도 바다 쪽을 하염없이 바라보는 것이었다. 간호보조원이었던 나는 청소를 하기 위해 그 방에 매일 들어가곤 했는데 그분의 그런 모습을 종종 볼 수 있었다.

하루는 다 시들어버린 장미꽃 한 다발이 있어 버리려고 하는데 그분이 다급한 목소리로 나를 불러 세웠다.

"중지! 다 시들어가는 장미꽃 다발에도 기억이 있고, 추억이 있고, 아름다움이 있으니 던져버리지 마시오."

나는 시든 장미꽃다발을 그대로 침대 옆에 두고 병실에서 나왔다. 그날 이후로 그분의 말은 내 가슴 속에 장미꽃처럼 아름답게 심겼다. 어떤 환자들은 퇴원할 때 친구와 헤어지는 것처럼 섭섭하기도 했는데 그분이 바로 그런 분이었다.

　나는 지금도 장미꽃이 시들었을 때 버리지 않는다. 내 화단 한쪽에 곱게 쌓아두고 시든 장미를 즐긴다. 복음병원의 추억은 내게 시든 장미와 같이 오래된 것이지만 진한 장미 향기로 남았다.

텍사스 골목 작은 병원

    장기려 박사님이 텍사스 골목[1]에 새롭게 작은 병원[2]을 여셨다. 그 골목은 미군들이 많이 오는 곳이었고, 미군들을 상대하는 상점과 술집이 많았다.

---

1) 부산역 맞은편 차이나타운과 인접해있다. 1950년 6 · 25전쟁 이후 전쟁에 참전했던 미군들이 유흥을 즐기기 위해 드나들기 시작하면서 생긴 골목으로 '텍사스촌'이라 불렸다.
2) 현재는 복음병원 분원이 있던 자리로 불리며 장기려 박사님의 기념관이 자리하고 있다.

정확히 기억나지는 않지만, 텍사스 골목 근처 어느 건물 2층이었는데 박사님은 거기에 작은 병원을 열고 급한 환자들을 치료해주시곤 하셨다. 나는 그 작은 병원에서 박사님을 도우면서 같이 일한 적이 있었다.

박사님은 환자를 돌보는데 차별이 없는 분이셨다. 부자나 가난한 사람이나 똑같이 치료받을 권리가 있다고 생각하셨다. 가난한 사람이 돈이 없어 치료를 받지 못하는 걸 보시면 항상 안타까워하셨다. 어떻게 하면 병이 나더라도 모든 사람이 걱정 없이 치료를 받을 수 있게 할지 늘 고민하셨다.

텍사스 골목 작은 병원에 찾아오는 환자들은 주로 양공주가 많았다. 양공주는 그 곳 술집에서 미군들을 상대하는 여자들이었다. 박사님이 그곳에 병원을 연 이유도 이 양공주라 불리는 여자들을 주님 앞으로 인도하고 싶은 마음 때문이라고 하셨다.

어린 내가 보기에 박사님의 마음은 참 놀라웠다. 사람을 만나는 데 편견이 없으셨고 누구에게나 다정하셨다. 언제나 용감하고 의로우셨다.

박사님의 건강관리

　스웨덴으로 떠나기 전, 마지막 인사를 드리려고 박사님의 방으로 찾아갔다. 그런데 박사님의 방은 텅 비어있었고, 한참을 기다려도 오시질 않았다. 너무 오래 기다렸다는 생각이 들 때쯤 박사님이 한 손에 테니스 라켓을 들고 땀에 흠뻑 젖은 채 나타나셨다. 박사님은 겸연쩍은 웃음을 웃으시며 늦은 이유를 말씀하셨다.

"은애야. 기다리게 해서 미안하구나. 내가 당뇨병 때문에 운동을 해야 해. 그래서 운동하고 오는 길이야. 건강을 지키기 위해서는 운동이 중요하지."

어린 나는 박사님의 모습을 보며 나이도 많고, 당뇨병으로 고생도 하고 계시지만 용감하게 웃으면서 생활하시는 모습이 참 멋지다고 생각했다. 내가 지금도 매일 걷기 운동을 하며 건강을 지키고 있는 것도 박사님의 이런 모습을 기억하기 때문이다.

이별 선물

1966년 8월 24일,

한국 나이로 열아홉 살에 나는 홀로 스웨덴으로 떠났다. 장기려 박사님은 떠나는 나를 격려하기 위해 무겁고 큰 성경책을 선물로 주셨다. 박사님의 사랑이 성경책만큼 큰 것 같아 행복했다. 떠나기 전에 장기려 박사님은 나에게 간절한 당부의 말씀도 해주셨다. 그 말씀은 신기하게도 어머니가 나에게 해주신 말씀과 똑같았다. 그때 나는 박사님이 꼭 아버지 같다는 생각을 했다.

"은애야, 짧은 시간이든 긴 시간이든 성경책은 매일 꼭 읽고 그 말씀대로 살기를 노력해라. 십계명대로 살고! 말씀에 의지하고 하나님과 함께 살면 외롭지 않을 거야!"

내가 부산으로 피난을 내려왔을 때는 아직도 엄마 젖을 먹을 때였다. 하지만 내가 다 자라도록 살림살이는 나아지지 않았다. 피난살이가 힘들어 12살 때부터 신문을 돌리며 공부해야 했다. 아버지는 어디에 계신지 찾을 수도 없었으니 어머니와 사남매가 먹고살기 위해 온갖 일을 하며 살 수밖에 없었다. 외롭고 힘들었던 나는 아무런 대가 없이 박사님의 사랑을 받게 되어 얼마나 감사했는지 모른다. 박사님이 북쪽에 두고 온 딸처럼 사랑해주시는 것 같다는 생각을 했다.

훈성여자상업학교

　학창 시절은 나에게 행복한 기억으로 남아있다. 낮에는 경찰서 급사로 일을 했다. 청소도 하고 잔심 부름도 하는 일이었다. 일이 끝나면 공부를 하기 위해 학교로 달려갔다. 훈성여자상업학교는 야간 고등학교였지만 친구들도 모두 즐겁게 학교에 다니며 열심히 공부했다.

열심히 학교에 다니다 보니 행복한 일도 종종 있었다. 1학년 때 어머니날[3]에는 나의 어머니가 모범 어머니로 표창을 받기도 했다. 남편 없이 홀로 자식들을 훌륭하게 키우셨다고 학교에서 상장을 주신 것이다.

3학년 때는 학생 위원장으로 일하기도 했다. 섬에 배를 타고 들어가서 봉사 활동을 하기도 했는데 외로운 할머니 할아버지들이 사시는 양로원에 찾아가서 글도 알려드리고, 크리스마스 때면 학생들 모두 함께 쌀을 모아 떡도 해가고 합창도 준비해 가서 재미있는 시간을 보냈다. 모두 잊지 못할 추억이다.

지금 생각해보면 그 시절은 참 따뜻한 시절이었다. 전쟁 때문에 나라가 가난하니 모두가 힘든 시절이었는데도 다른 사람의 아픔을 내 일처럼 여기고 서로 도울 줄 아는 시절이었다.

---

3) 1955년 8월 국무회의에서 5월 8일을 어머니날로 정하고 1956년 5월 8일 제1회 어머니날 행사를 치렀다. 그러나 국가가 아니라 기독교단체나 여성단체에서 소규모 행사를 할 뿐이었다. 1973년이 되어서 '어버이날'이라 이름을 바꾸고 지금처럼 국가적으로 지키게 되었다.

1963년 12월 2일에
어머니와 사진관에 가서
찍은 모범 어머니
기념사진

1960년대 당시 훈성여자상업학교[4)]
왼쪽 마크는 사진관 마크[5)], 오른쪽은 고등학생 은애

---

4) 지금의 부산 계성여자고등학교의 전신
5) 옛날에는 사진을 찍어주는 사진관을 '사장'이라고도 불렀다.

이별의 피크닉

　내가 스웨덴으로 떠날 날이 가까워져 오자 병원 식구들은 이별의 피크닉을 가자고 했다. 복음병원의 간호원들, 의사들과 사모님들, 약사와 훈성여자상업학교 동창생이며 복음병원 기숙방에 같이 살던 친구까지 모두 함께 피크닉을 갔다. 모두 나와의 작별을 아쉬워하며 즐거운 시간을 마련해주려고 애썼다.

　병원 가까이에 있는 송도 해수욕장에서 함께 물놀이도 하고 맛있는 음식도 먹으며 행복한 시간을 보냈다. 그날 송도 앞바다는 참 맑았고, 날씨도 좋았

다. 가족과 같은 사람들과 마지막으로 피크닉을 할
수 있어서 너무 감사한 날이었다.

지금 생각해도 그분들은 정말 따듯한 분들이셨다.
간호원장 박은선 선생님, 마취사 손동길 선생님, …
모두 잊지 못할 분들이다.

이별 피크닉을 함께 한 복음병원 식구들

어머니와의 약속

1966년 8월 24일
부산역에서 기차로 출발 – 김포 공항 – 알래스카
– 덴마크 코펜하겐 – 스웨덴 스톡홀름

부산역 스피커에서 '이별의 부산 정거장'이 크게
흘러나오고 있었다.

"보슬비가 소리도 없이 이별 슬픈 부산 정거장. 잘 가세
요. 잘 있어요. 눈물의 기적이 운다. 한 많은 피난살이 설

움도 많아. 그래도 잊지 못할 판잣집이여. 경상도 사투리에 아가씨가 슬피우네. 이별의 부산 정거장"

노래의 가사가 꼭 내 마음을 말해주는 것 같았다. 나는 사랑하는 어머니와 친구들과 끊지 못할 순정을 뒤로하고 기차에 올랐다. 아는 사람도 하나 없고, 가진 돈도 없었으며 돌아올 비행기표도 준비하지 않은 채 막막한 길을 떠났다. 그러나 어머니에게 용감하게 이야기했다.

"10년 군대 갔다고 생각하세요. 10년이 되기 전에 꼭 돌아올게요."

나는 어머니와 교인들의 포옹을 받고 기차에 올랐다. 눈물에 젖은 손수건을 끝없이 흔들어 주시는 어머니 모습을 기차 뒤에 남겨두고 부산을 떠났다. 그때 나는 부산 앞바다에서 본 갈매기처럼 하늘을 훨훨 날아가는 자유로운 사람이 된 것 같았다. 더 큰 세상에서 자유롭게 살다가 어머니 품으로 다시 돌아오는 미래를 상상하며 기쁘게 그 길을 떠났다. 앞으로 스

출국 직전 부산 용두산 공원에서

웨덴에 가서 혼자 헤쳐나가야 할 일들에 대한 걱정보다 공부하러 갈 수 있다는 기쁨에 감사했다. 나를 홀로 떠나보내는 어머니의 마음이 얼마나 애가 탔을까 하는 생각을 그때는 하지 못했다. 내가 엄마가 되어서야 어머니의 마음이 어땠을지 상상할 수 있었다.

나의 어머니는 그 시절에도 공부를 많이 한 사람이었다. 황해도에서 서울 정신여중으로 유학을 할 만큼 신여성이었다. 하지만 시골로 시집을 가는 바람에 자신의 꿈을 펼치지 못하고 평생을 살아왔다. 어머니의 삶이 후회스러웠기에 나에게 꿈을 펼칠 기회를 주고 싶었을지도 모르겠다. 어머니는 내가 한국을 떠날 때 나이인 열여덟 살에 결혼해서 시어머니와 시조모 아래에서 자유라고는 없는 삶을 살았다. 결혼식 첫날 밤에 처음 만난 동갑내기 남편과 살며 자식 여섯을 낳고 두 아이를 유산했다. 남편은 집보다 바깥에서 사는 세월이 더 많았다. 집을 떠나 유랑하며 다니는 것이 행복한 사람이었다. 어머니의 삶은 가슴앓이라는 화병이 생길 만큼 행복하지 못했다. 황해도 땅에서 그렇게 사시다가 갑자기 전쟁이 나서 자식들을 모두 데리고 부산으로 피난을 내려왔으니 한순간도 편안한 삶을 살지 못하셨을 것이다. 어머니 자신은 힘든 삶을 살았기에 내게는 부자 나라에 가서 하고 싶은 일을 하며 살 수 있는 자유를 허락해주고 싶었을 것이다.

"나는 너를 믿는다. 네가 다른 나라에 혼자 가도 하나님만 의지하면 용감한 생활을 할 수 있을 거야."

어머니의 그 믿음 덕분에 나는 정말 용감하게 나의 인생을 살 수 있었다. 내가 스웨덴에서 결혼을 하고 아이를 낳고 엄마가 되었을 때도 어머니께 받은 사랑은 늘 힘이 되었다. 나는 어머니처럼 나보다 아이들을 먼저 생각하며 사랑으로 키우려고 항상 노력했다. 덕분에 나는 스웨덴 엄마들처럼 아이들을 자유롭게 키우지 못했다. 걱정이 많고 늘 아이들 생각만 하는 한국 엄마가 되었다. 딸이 여덟 살인가 아홉 살 때였다. 친구들과 나에 대해 이야기하며 나를 'A.M.S'라고 부른다는 걸 알게 되었다. 그 말은 'Asian- Mother's Syndrom'(동양인 엄마 증후군)

이라는 말이다. 그때 비로소 나는 스웨덴에 그렇게 오래 살아도 나 역시 별수 없는 한국 엄마였다는 것을 깨닫게 되었다.

　나는 부산역에서 헤어지며 10년이 되기 전에 돌아오겠다고 한 어머니와의 약속을 지켰다. 스웨덴에 가서도 나는 장기려 박사님처럼 약속을 잘 지키는 사람이 되려고 노력했었다. 박사님은 다른 사람과의 약속뿐 아니라 자신과의 약속도 철저히 지키는 분이셨다. 나는 어머니와의 약속을 지키기 위해 누구보다 열심히 공부하고 열심히 일하며 살았다. 덕분에 떠난 지 7년 반 만에 한국 땅을 다시 밟을 수 있었다.
　그 후 스웨덴에서 자리를 잡고 스웨덴 남자와 결혼하여 가정을 이루고 지금까지 행복한 삶을 살 수 있었던 것도 모두 나 자신과의 약속을 지켜내기 위해 노력했기 때문이다. 비록 그리운 가족이 있는 조국으로 다시 돌아와 살지는 못했지만 한국은 내가 태어난 곳, 내가 사랑하는 나의 나라이다. 내 나라가 발전하고 세계의 본이 되는 모습을 보면 나는 자랑스럽다.

박사님의 편지 1

　스웨덴으로 가는 길은 멀고 힘들었다. 기대에 찬
마음으로 한국을 떠났지만 막상 스웨덴에 도착하니
막막하고 외로웠다. 말은 통하지 않고 일은 힘들었
다. 낯선 사람들은 두려웠고, 가족이 그리워 외로움
에 떨었다. 밤을 새워 스웨덴 말을 공부하고 부지런
히 일했다. 얼른 돈을 벌어 공부를 시작해야 했기에
쉴 틈이 없었다. 그 외롭고 힘든 날들에 나를 버티
게 해준 것은 가족들의 사랑이었다. 정성스럽게 쓴
편지와 온 가족이 열심히 녹음한 가족들의 목소리가

담긴 테이프 레코더가 도착하는 날에는 나는 너무 기뻐 하루종일 들떠있었다. 가족들이 보내준 사진과 편지를 보고 또 보고, 테이프에 담긴 목소리를 듣고 또 들으며 하루하루를 살아갈 수 있었다.

　박사님의 편지도 그랬다. 박사님의 편지는 항상 나를 격려하고 강하게 만들어 주었다. 박사님의 편지를 받는 날이면 모두 포기하고 싶었던 일들도 다시 힘을 내어 할 수 있었다. 내가 스웨덴에 도착한 것은 1966년 8월 25일인데 박사님의 첫 번째 편지가 10월 4일에 도착했다. 낯선 곳에서 적응하느라 한창 힘들 때 박사님의 편지는 큰 힘이 되었다.

1966. 10. 4
친애하는 전은애 양에게
9월 23일에 네가 보낸 그림엽서는 잘 받아보았다.

　자세한 소식은 몰라도 좋은 의사의 가정에서 아이들을 돌보고, 그곳 풍습과 말을 공부하면서 잘 지내는 줄 알고 감사드린다. 때때로 고향 생각, 친구 생각이

애수를 가져올 줄 안다마는 큰 마음을 가지고 그곳에 간 것이니까 기도하면서 참고 나가기를 바란다.

성경에도 보면 큰 인물들은 다 수양의 때를 지났단다. 모세도 미디안 광야에서 40년간 수양을 하였으며, 요셉도 애굽에서 얼마나 큰 고생을 한 후에 총리가 되어 그 가족과 온 천하 사람을 살려낸 것이 아니냐. 사도 바울도 3년간 다소에 가서 수양을 한 뒤에 세계 전도를 시작하였단다. 너도 한국 여성의 지도자로 스웨덴 10년간의 수양 기간을 허락하신 줄 믿고 하나님의 음성을 듣게 되기를 빈다. 그러나 무엇보다도 우리 민족을 주님의 진실과 사랑으로 인도하는 일의 사명을 잊지 말기를 바란다. 이 사명을 믿고 하나님에게 구하면 반드시 좋은 길을 보여주시리라.

이곳 복음병원은 3층 증축이 완성되었다. 10월 10일부터 환자를 받게 될 것 같다. 우리들의 힘으로 현대식 건물을 지어보니 쾌하다. 그러나 비용이 너무 들어 우리 동포에게는 부담이 많이 될 것 같아서 미안하다. 그러나 네가 돌아와서 일하게 될 때는 적어도 이보다 나쁘면 곤란하지 않겠는가 생각하여 본다.

우리 하나님은 살아계셔서서 어디서든지 겸손히 일하는 자를 찾으시는 줄 안다. 겸손이란 우리 주님이 우리가 죄인 되었을 때 찾아오셔서 우리 대신 십자가에 달려 돌아가신 일을 말한다. 우리도 주님의 뜻을 따라 희생 제물이 되는 일이 곧 겸손히 섬기는 일이다. 이것이 완전한 인격을 이루는 일이다. 그러므로 너는 우리 주님과 같이하여 온 인류를 구원하시는 주님의 진실과 사랑을 나타내어라. 육체의 욕심을 십자가에 죽여버리고 부활하신 주님 품에 안겨서 기쁜 마음으로 남을 섬기어라. 온 인류에게 주님의 생명을 전하여라. 너 한사람이 주님의 지체로서의 역할을 하고 의인으로 살면 그만치 내 동포가 구원을 받게 되는 줄 알아라.

　그리스도의 구원을 우리들을 통하여 성취하시려는 크신 뜻을 기억하고 존절하며 하늘 아버지의 딸답게 늠름하게 살아라. 나도 그렇게 기독교 이상주의로 살려고 한다. 기도하라.

장기려 쓴다

10. 4. 1966

친애하는 김은애 양에게

9. 23일에 보낸 그런 엽서를 잘 받어보았다

자세한 소식은 몰라도 좋은 의사의 가정에서 아이들을
돌보고, 그곳 풍습과 말을 공부하면서 잘하고 노를 믿고
감사드린다. 그때 때로 고향생각, 친구생각이, 예수를
가려움을 믿고 마음을 가지고 그곳에 간것이나마
기도하면서 참고 나가기를 바란다.

형경에로 보면 큰 인물들은 다 수양의 때를 겪었단다.
모세도, 미디안 광야에서 40년간 수양을 하였으며
요셉도 애급에서, 얼마나 고생을 한 뒤에, 총리가 되어
그 가족과, 온 천하에 빛을 남겨빛 것이 아니냐, 사도바울
도 3년간 다소에가서 수양을 한 뒤에 세계전도를
시작하였단다. 너도 한국 여성의 지도자로 스메
10년간의 수양기간을 허락하신줄 믿고, 하나님의 ~
은 득게 되기를 빈다. ~~~~~~~~~~~~ 그러나
우엇오나도, 우리민족은 주님의 진실과 사랑으로 인도
하는의 사명을 잊지 말기를 바란다. 이신명은건
회사님에게 구하면 반서 좋을 길을 보여주시리라.

이곳 복음병원은 3층 증축이 완성되었고 10월 19일
복허 환자를 받게 될것같다. 우리들의 힘으로 건
식건물을 지어 오고 하는다. 그러나 비용이 어려들어
우리동포에게도 부담이 많아질것 같아서 미안고고
그러나 네가 크라와서 뭐보게 될때에도, 적이도 이오나
나쁘면 곤란하지 않겠는가 생각하여본다.

우리회사는 살아계시어 어려워든지 검손히 일
하도라를 했으시노줄 믿고, 검손이란 우리들이
~리가 죄인되었을때에 찾어오셔서 우리 대신 십자가에

이 우리의 지체로서의 역할을 하고 아의인으
로면 그만치 너 동료가 구원을 받게 되도록 힐어라.
그리스도의 구원을 우리 들은 통하여 성취되시려는
고신 뜻을 기억하고. 존절하며. 하느아버지의 딸답게
눈물겹게 살어라. 나로 그렇게 기독교 이상주의 실현로
한다. 기도하라.   광기 러 쓴다.

FOLD HERE

달러로 라가신 분은 본 한다. 우리로 죽음의 뜻을 따라
희생제물이 되르 일이 끝을 걸쳐 설기를 붙어라. 이것이
완전한 인격을 일우르 일이다. 그러므로. 너로. 우리 주는
짜갑이 하며 임 긴록을 구원 하시로 주의의 진실과
사랑을 나타 써어라. 등혜의 죽심을 얻라 맛맨 줄이 되
리고. 부활하신 주초 줄에. 안겨서. 기쁜 마음으로 큰을 넘기
사이로 써서 주의 영명로 길 가며라

2

만남 | 51

박사님은 언제나 편지에 복음병원 식구들의 안부도 전해주셨다. 그리고 나에게 필요한 성경 말씀도 알려주셨다. 매일 아침 복음병원 조회 시간에 들려주시던 성경 말씀을 다시 듣는 듯했다. 박사님의 편지는 외롭고 힘든 시간을 버티게 해주는 힘이었다. 편지로 고민을 말씀드리거나 어려운 일을 전하면 그 답도 잊지 않고 해주셨다. 바쁘게 사시는 분이라는 걸 알고 있었는데 나의 편지에 꼬박꼬박 답장까지 해주시니 너무 감사했다.

April. 15. 1967

전은애 양에게

오늘 너의 편지를 반가이 받아보았다.

부활절을 당하여 만물이 소생하는 이때 우리의 믿음 생활도 새로이 거듭나야 하겠다. 새로이 난다고 하는 것은 자기 죄를 깨닫고 주 예수 그리스도의 속죄를 믿고 육의 소욕을 이기고 부활하신 그리스도를 마음에 모시어 나의 인격이 하늘 아버지의 기뻐하시는 기뿜으로 순종하는 것을 말함이다. 이것은 일찍이 예수를 구주로 믿게 될 때 체험한 귀중한 경험인 줄 안다. 우리는 아직 육을 가지고 살기 때문에 원하는 선은 행해지지 아니하고 원치 않는 악을 행하기 쉬운 것이 사실이다. 그러므로 우리는 매일 주님 앞에 나아가 어두운 심령을 밝게 하여 주시기를 구하여야 한다.

우리는, 우리(나)의 이 세상에 대한 부족은 느끼고 또 힘쓸 줄은 알면서도 나의 동포와 온 인류가 고민하는 괴로워하는 문제와 (주로 죄, 즉 탐욕과 모든 정욕의 노예가 되어 있는 것) 그 해결을 위하여서는 큰 관심 없이 사는 것이 아닌가 생각한다. 사실은 이와 같은 탐욕과 정욕이 나를 좀 먹고 있는 것조차 깨닫지 못하고 살고 있는 것이다. 물론 이 세상에서 필요한 지식과 타이틀을 위해서도 힘써야 하겠지만, 먼저 나의 마음속에 뻗치고 있는 모든 정욕을 이기게 해달라고 기도하며 힘써야 하겠다. 시험에 들지 않게 해주시옵고 다만 악에서 구해주시옵소서를 진심으로 비는 바이다.

네가 두 아이를 돌보며 전적으로 공부하여 오는 학기에는 고등학교에 입학하게 되었다 하니 올바른 생각인 줄 알고 길이 잘 열리기를 빈다. 염병 같은 것이 큰 문제가 안 될 것이고, 정신통일이 더 중요할 것이다.

우리 복음병원은 주님의 은혜로 조금씩 자라고 있다. 작년에 3층을 올려서 지금은 만원이어서 본원에 50여 명, 분원에 10여 명이 입원하고 있다. 우리는 잘 못하는 일이 많아도 주님이 자기 이름의 영광을 위하여 축복하심인 줄 믿는다. 나는 금년도 매달 처음 절반은 부산 복음병원에서, 다음 후반은 서울 성모병원에서 일하며 왔다 갔다 한다.

간호원이 많이 갈리게 되었다. 김정자, 이길자 양들이 금년에 들어 결혼하여 나갔고, 박은선 간호원장은 결혼은 했으나 간호원장으로 계속 근무하고 있고, 조옥자는 독일에 가려고 그만두고 서울로 갔고 강순조 양은 미국 RI.02840 Laboratory에 취직되어 갔다. 변화무쌍한 세상임을 다시 느낀다. 몸 건강하여 공부 잘하여라. 최후 승리는 우리 믿는 사람에게 있다. 그리스도께서 승리하셨으므로.

장기려 쓴다

April - 15. '67

정은애 양에게

오늘, 너의 편지를 받고 회 반어보았다.
부활절은 당일의 만큼이 소생함으로 이때에 우리의
믿음의 생활도 새로히 거듭나가 하겠다. 새로히
태어난다 하는것은 과거의과를 깨끗히, 주께수고로스의
승리를 믿고, 옛 소욕을 이기고 부활하신 그리스도를
마음에 모시고 나의 인격이 하신 아버지의 기뻐하시오 것을
기뻐으로 순종하고 것을 말함이다. 이것은 일즉히
예수를 구주로 믿게될 때에 체험한, 귀중한 경험은
좋았다. 우리는 아직, 믿은 마음이 약기 때문에, 원하는
선은 행하지 아니하고 원치 않은, 악을 행하기 쉬운것
이 사실이다. 그러므로 우리는 매일 주의 앞에 나아가
어두운 심령은 밝게하여 주시기온 구하여 야 한다.
우리는, 우리(나)의 이 세상에 대한 부족은 느끼고, 또
힘쓸줄은 알면서도, 나의 동료와, 친 인류가, 고민하고
괴로워 하는 문제나. (주로 과 속환웅과 모든경옹의노예
가 되어있오것) 그 해결은 위하여서도 큰관심 없으 사는
것이 아닌가 성각한다. 사실은 이외같은 환웅과경옹
이 나를 문역고 있오것 조차도 깨끗지못하고 있는
것이다. 물론 이 세상에서철오한 적역과 title을
을 위해서도 힘써야 하겠지만. 먼저, 나의 마음속에
뿌리를 벗치고 있는 모든 경옹은 이기게 해 열하고
기도하며 힘써 가겠다. 시험에들지 않게 해주신옵소
다만 악에서구해주신옵소서를 진심으로 비는 바이다.

내가 두아이를 두오며, 전력으로 공부하여 오는학기에는
고등학교에 입학하게 되겠다 ※나 있바른 생각 안는
올리 깊이 젹먹려지기를 빌며, 연병같은것은 큰문제
가 않될것이고 경신훈옹이 더욯오 할 것이다.

간호원이 많이 필요하게 되었다. 김령과 이경과 양들이
근면에 들어 결혼하고, 학순선 간호원 강은 결혼을 했다.
간호원장으로 계속 근무하게 되고. 조옥자는 을밀에 가려고
그만두고 서울로 갔고. 강윤조 양은 이조 Laboratory
에 스카우되어 갔다. 변화무쌍한 세상일을 다시 느낀다.
옻건 강과 여 궁무 잘하여라. 최후 승리는 우리 믿는 사람
에게 있다. 그리스도에서 승리하셨으므로. 장기려 쓴다

우라독음병원은 주는의 은혜로 조웃쩍 자라고 있다.
확면에 3층을 늘려 지으 만원 이여서 본원에 50
여명, 분원에 10 여명이 입원하고 있다. 우리로 잘못
하는 곳이 많아도, 주는이 각기 이은의 영광을 위하여
쪽옥하고 있은 걸 믿는다. 나도 군면도. 메달 커우로인
은 우라 독음병원에서. 다오후 받은 서울 넘오병원
에서 군하여. 쌌네 갔세 갔세

1968년, 만 스무살이 된 내가 박사님께 받은 편지는 예전과 달랐다. 박사님은 편지에서 나에게 높임말을 쓰셨다. 모든 사람을 존중하며 겸손히 대하시는 박사님의 성품이 느껴졌다. 용기를 내어 성인으로 살아가야 할 책임도 느껴졌다.

1968. 11. 8

전은애님

8월 1일에 보낸 편지를 감사히 보았습니다.

은애는 한국 사람이면서 세계인이 되었습니다. 독일 여학생, 서전[6]의 여학생들과 같이 지내며 우정을 나누는 것을 생각게 되며 또 DANDERYD Hospital에서 서전 간호원들과 같이 일하면서 세계 사람들을 돕고 있는 것을 눈에 그리어 봅니다.

나는 이번 휴양회 (8월 6,7,8일 3일 동안)에서 하나

---

6) 스웨덴의 한자어

님의 사랑을 공부해보았습니다. 사랑은 하나님이 우리 죄인을 사랑하사 독생자를 버리시기까지 하신 것을 말하며 이 사랑은 그리스도 예수께서 십자가에 못박혀 돌아가심으로 이루신 것을 말합니다. 우리도 형제를 위하여, 이 사랑을 나타내어야 하겠습니다. 사랑은 자기를 배반하는 자들을 오래 참아주는 것이며 사랑은 자기를 희생하여 원수까지 살리는 은혜입니다. 우리는 이 사랑을 실현하여야 하겠습니다.

　사랑은 투기하지 아니하며 교만하지 아니하며 성내지 아니하며 악한 것을 기억하지 아니하며 무례히 행하지 아니하며 불의를 기뻐하지 아니합니다. 진리와 함께 기뻐합니다. 즉 정의를 위하여 모든 불의와 더불어 싸웁니다. 모든 일에 참으며 믿으며 바라며 견디는 것입니다. 만일 우리가 천사의 말을 할지라도 이러한 사랑이 없으면 울리는 구리와 소리 나는 꽹과리에 지나지 않습니다. 예언할 줄 알고, 모든 오묘한 이치와 지식을 다 통달하고 산을 옮길만한 믿음이 있을지라도 사랑이 없으면 아무것도 아니요, 또 자기의 것을 다 팔아 구제하고 자기 몸을 불사르기까지 희생할지라도 자기를 위한 중심에서 그렇게 한 것이라면 아무 유익이 없다고 했습니다. 우리 기독교인이 자기중심으로 살기 때문에 이 모든 혼란이 일어나는 줄 압니다. 하나님의 사랑은 영원한 생명입니다. 그래서 방언도, 예언도, 지식도 불완전한 것이어서 끝나는 때가 올 것입니다마는 사랑은 영원히 있습니다. 믿음, 소망, 사랑, 이 세 가지는 영원히 있을 것인데 그 중의 제일은 사랑입니다. 아멘(고린도전서 13장, 요한 1서 3~4장)

우리는 자기중심에서 진리 중심, 형제 중심으로 살아야 하겠습니다. 우리는 불의와 싸울 때 우리들의 방법과 태도로 비폭력저항이라는 것이 옳다고 하는 것을 다시 확인했습니다. 우리는 하나님의 자녀답게, 하늘나라의 시민으로서 현실을 비판하며 지도하는 신앙생활을 할 것을 다시 다짐했습니다.

은애님도 하나님의 딸로서 하늘나라(사회)에서 사는 모습을 가지고 현실을 비판하며 지도하는 믿음의 생활하시며 하나님의 사랑을 잊지 말고 매일 육신의 혈기를 죽이고 남의 인격의 배후의 이상을 꿰뚫는 눈으로 보고 존경하며 남의 인격을 귀히 여기어 사랑은 참 생명이라고 하는 것을 체험하는 삶을 살으소서.

지금 복음병원 320평 신축공사는 순조롭게 진행하여 오는 9월 말이면 공사가 준공될 것으로 믿습니다. 또 의료보험 조합을 시작해서 출발하고 있습니다. 오는 해부터는 산부인과, 소아과 전문의를 초빙하여 증설하기로 했습니다. 모든 일에 간구와 기도로 하려고 합니다. 주님의 은혜가 님과 님이 일하는 병원, 온 인류 위에 같이 하소서.

장기려 씀

8. 11. 1968.

전은애님

8월 1일에 보낸 편지를 감사히 보았습니다.

은애는 한국사람이면서, 세계인이 되었습니다. 독일 여학생,
서전 여학생들과 같이 지나며 우정(友情)을 나누는것을 생각케
되며, 또 DANDERYD Hospital 에서, 여러 간호원들과 같이
일하면서, 세계사람들을 묶고 있는것을 눈에 그리어봅니다.

4도. 이번 축일회 (7월 6. 7. 8일 3일동안)에서 하나님의
사랑을 공부해 보았습니다. 사랑은, 하나님이, 우리와 만든 사랑
하사 독생자를 버리시기까지 하신것을 볼때에, 이사랑은 그러므로
예수께서 십자가에 못 박혀 죽기까지으로 이룩신것을 볼때에
사랑은 하나님이. 그 생명은, 그의으로의 죽음을 통하여주신것으로
우리로 형제를 위하여, 이 사랑을 나타내어야 하겠습니다.

사랑은, 자기를 배반하는 자들을 오래 참아 주는것이며, 사랑으로 자기를
희생하여 원수까지 받드는 은혜 입니다. 우리는 이 사랑을 실천하여야
하겠습니다. 사랑은 투기하지 아니하며 교만하지 아니하며, 성내지 아니하며,
악한것을 생각하지 아니하며, 무례히 행하지 아니하며, 不義를 기뻐하지
아니하고, 진리와 함께 기뻐합니다. 믿음이 온유와 모든 不義 와 다툼이
싸웁니다, 모든것을 참으며, 믿으며, 바라며, 견디웁니다. 만일 우리가 원수의
음소 편이라고 이루워 지않으면, 하나는 극락과 소래나는 광로에 지나지 않습니다.

4도. 예언 할줄을 알고, 모든으로한 이치과 지식과 다 통달하고 산을 옮길만한
믿음이 있을지라도 사랑이 없으면 아무것도 없소. 모든 자기의것을 다 팔아
주게 되고, 자기몸을 불살으기까지 희생할지라도 자기몸으로 中心에서 그렇게
함것이라면 아무 쓸득이 없소 했습니다. 우리 기독교인이 自己中心
으로 살기때문에, 이모든 혼란이 일어나는줄 입니다. 하나님의 사랑은
영원(永遠)한 생명 입니다. 그래서, 방언도, 예언도, 지식도 불완전한것이어서
끝나는때가 오건 입니다. 바른 사랑은 영원히 있습니다. 믿음, 소망, 사랑,
이 세가지는 영원히 완존것인데, 그중의 제일은 사랑 입니다. 아멘. (고전 13장)
(요한 1서 3~4장) 우리는 자기중심에서, 진리중심, 형제중심으로 살아야
하겠습니다.

우리는 불의 까와 쌓을때에, 우리들의 방법의 태도는 비력力
抵抗 이라는것이 옳다 라고 하는것은 아직 확인 했습니다. 우리는 하나님의
子女 답게, 하늘나라의 국民으로써, 現實을 批判하여 指導하는 使命이
지도할것을 다시 인정 했습니다.

지금 북읍병원 320형 인축공사를 숨호름에 진행하여, 오는 9월말
이면 공사가 준공될것으로 믿습니다. 또 미로보한 그림도
시작해서 출빨하려 하옵니다. 오는 해복기를 산부인과, 소아과
전문의를 초빙하여 증설 하기로 했습니다. 모든일에
간구와 기도로 하려려 합니다, 주리더은제가 있다 없어
일화는 병원과 우리북읍병원. 전 민족이게 같이하소서
장기려는

PAR AVION
항공우편

Xu Ryu Chang M.D.
Pusan Baptist Hospital
Pusan, Korea.

Miss Un-Ue Chan
MÖRBYDALEN 13, N, B,
17232, DANDERYD,
SWEDEN, 瑞典

AEROGRAMME

아무 것도 이안에 넣지 못하며 첨부하지도 못합니다
Nothing may be contained in or be attached to this letter.

FOLD HERE
접는곳

없도 하나님의 딸로. 하늘나라(사회)에서 사는 모습을 가지고
건설을 비판하며. 지료하는 믿음의 생활하시며, 하나님의
사랑을 잊지말고, 매일 렬속으로 죽이고. 남의 인격과 배후이상
을 쾌롭을 눈으로 보고 존경하며. 남의 인격을 키워 더우리
사랑을 한 생명 이라그여우는것을 쾌험 하는 삶을 싶소이.

7. 8. 71

전은애님에게

참 오래간만에 편지 보았습니다.

그동안도 많이 자랐겠지요. 구라파[7] 구경 여행을 다닌다고 하니 부럽습니다. 참으로 젊은이의 시대입니다. 내가 10년 전에 세계 일주 할 때 보았던 London, Paris, Frankfurt, Bern, München, Zürich, Genève, Roma보다는 많이 발전했겠지요. 그러나 사람의 마음은 얼마나 전진했을까 생각해봅니다. 참사람다운 사람은 몇 사람이나 찾을 수 있을까? 하나님에게만 의뢰하고 아무 것에게도 붙어있지 않는 사람, 진리와 정의만을 구하고, 긍휼과 사랑으로 일삼는 사람이 얼마나 있는가? 생각합니다.

이곳 우리나라는 그간 많이 변했습니다. 고층 건물, 고속도로, 공장들이 많이 생겼습니다. 그러나 참사람은 모르겠어요. 이번 8월 2일에서 1주간 대전에서 기독(교) 학생 대회가 모이는데 가서 찾아보려고 합니다.

---

7) '유럽'의 한자식 표현

미국에서 'The Jesus Revolution'이 CCC와 몇 기독교 단체에 의하여 전개되었다고 하는데, 참으로 성공하기를 기원합니다. 우리나라 기독(교) 학생 안에서도 같은 뜻의 집회로 모이는 줄 믿고 하나님의 성령이 같이하여 주시옵기를 기원합니다. 예수님의 인격에 감동되어 근본적 회개의 운동이 전개되기를 기원합니다. 철저한 회개 없이는 감동하는 능력이 없다고 봅니다. 나부터 진리에만 순종하는 인간이 되려고 기도합니다. 그리고 기독 학생이 공의와 진리에 복종하여 헌신하게 되기를 빕니다.

지난 6월 21일은 우리 부산 복음병원 개원 20주년 기념일이었습니다. 간호학교도 자랐습니다. 내내 안녕하세요. 마취사 손동길님 잘 있습니다.

장기려 씀

7. 8. 71.

전은 애님에게

참 오래 간 만에 편지 오았습니다.

그동안도 많이 자랏겠지요. 구라파 구경 여행을 안보
다고 좌나 부럽습니다. 참으로 젊은이의 시대입니다.

내가 10년전에 세계 1주를때 오았던 London, Paris,
Frankfurt, Bonn, München, Zürich, Geneva,
Roma 보다는 많이 발전 햇겟지요. 그러나 사람의
마음은 올마나 전진 했을가 생각해봅니다. 한 사람
다운 사람은 몇 사람이나 햇을수 있을가? 하나님에게
만 의뢰하고 하나님에게로 돌아왔는지 모르노라. 진리와
정의만을 구하고. 공출ᄂᄉ당스로 돌았는사람이
얼마나 있는가? 생각 합니다. 이곳은 나라는그간
많이 변햇습니다. 고층건물. 고속도로. 공장들 많이
생겼습니다. 그러나 한 사람은 모으겠어도. 이번 8월
2일에서 1주간 대전에서 가족(교) 학생 대회가 모이는
데. 가서. 찾아보려고 합니다. 미국에서 The Jesus
revolution이 C. C. C. 와 몇 기독교 단체에의 회의
전개 되였다고 합는데. 앞으로 성공 하기를 기원 합니다.
우리나라 기독(교) 학생들에서도 같은 뜻의 집회로
오이드룰본고 하나님의 성령의 길이 이되어주시가를
기원 합니다. 예수님의 인격에 감동되여 근본력회개
와 운동이 전개되기를 기원 합니다. 혈리 교회 개혁이는
것 등 보는. 능력이. 없다고 봅니다. 나부터. 진리에만
순종하는 인간이 되려고 기르 합니다. 그러고 기독학생
이. 공의와 진리에 복종하여 헌신하게되기를 봅니다.
지난 6월 21일은 우리무간복음 법원 개원20주년 기념을
이였습니다. 간호학교도 자랍습니다. 내시 안명화세요
우리서 온몸다요 확있습니다.   광기주여 씀

아름다운 선물

　1966년에 한국을 떠난 뒤 나는 7년 반 동안 한 번도 한국으로 갈 수 없었다. 한국이 그립고 가족들이 보고 싶었지만 하루하루를 열심히 사느라 한국에 들어갈 여유가 없었다. 1973년 4월, 나는 드디어 그리운 가족들이 있는 한국으로 향할 수 있었다. 공항에 내려서 나를 반기는 가족들과 얼싸안고 눈물을 흘렸다. 얼마나 그리웠던 가족들인지 보고 또 쳐다보며 밀린 이야기들을 쏟아놓았다. 그때 가족들과 만난 뒤 제일 먼저 찾아뵌 분도 장기려 박사님이었다.

박사님은 나를 가족처럼 반갑게 맞아주셨다. 그리고 박사님이 들려주신 고린도전서 13장의 말씀대로 살아가고 있다고 이야기하자 앉은 자리에서 그 말씀으로 족자 하나를 금방 써주셨다.

"사랑은 오래 참고 사랑은 온유하며 투기하는 자가 되지 아니하며…"

박사님은 성경책도 보지 않으시고 성경 말씀을 외우시며 책상에 앉아 붓글씨를 쭉쭉 내려쓰셨다. 한국을 떠나기 전 내 삶을 바꾸어 놓은 소중한 말씀을, 그 말씀을 들려주신 박사님이 직접 써주시니 너무 감격스러웠다. 장기려 박사님의 멋진 글씨와 도장이 찍힌 성경 말씀으로 족자를 만들었다. 박사님의 족자는 나에게 그 어떤 것보다도 아름답고 값진 선물이 되었다.

사랑은 오래참고 사랑은 온유하며 투기하는 자가 되지 아니하며 사랑은 자랑하지 아니하며 교만하지 아니하며 무례히 행치 아니하며 자기의 유익을 구치 아니하며 성내지 아니하며 악한 것을 생각지 아니하며 불의를 기뻐하지 아니하며 진리와 함께 기뻐하고 모든 것을 참으며 모든 것을 믿으며 모든 것을 바라며 모든 것을 견디느니라

一九七五年 四月　全 恩愛 孃 을 爲 하 여

張 起 呂 書

박사님의 편지 2

사진과 글월 감사히 받았습니다.

학교는 다음 학기부터 하여도 늦을 것은 없을 것입니다.

매일 주님의 딸답게 건전하게 살면 그것으로 만족하여야 합니다. 하나님을 영화롭게 하는 것이 본분인데 매일 자기 맡은 일에 충실하여 좋은 열매를 맺는 것이 하나님을 영화롭게 하는 일로 믿습니다. 그래서 남을 위한, 영양소가 풍부한 삶으로 사회에 봉사하고 희생하는 것이 우리 믿는 사람의 본분입니다. 그러면 서로 기도로 성공합시다.

우 편 엽 서

]-□□

받는 사람
(이 름) UN-AE CHUN

KUNGSÄNGSGATAN 36B

(주 소) S - 75322

UPPSALA

SWEDEN

보내는 사람

Kee Ryo Cheung
Busan Gospel Hosp
Busan, Korea.

□□□-□□

우리마을 새마을 집집마다 체신

사진과 글월 감사히 받았읍니다
학교는 다음학기부터 하여도
늦을것은 없을것 같읍니다.
매월 주요의 딸 없이 건전
하게 살면 그것으로 만족
하여야 합니다. 회사를 융화
롭게 하는것이 본분인더 매월
자기 맡은일에 충실하여롭은
열매를 맺드편이 회사를 융화
롭게 하는일로 믿읍니다. 그래서
남은 위한. 영양소가 동부한
삶으로 사회에 봉사하고 희생
하는것이 우리 믿는 사람의 본분
입니다. 그러면 서로기도로 성공
합시다.

만 남 | 71

76. 8. 13

전은애님에게

오늘 7월 27일에 보낸 편지를 감사히 받아보았습니다. Midwife(조산파) 공부를 잘하고 있다 하니 감사합니다. 하나님께서는 근실한 사람을 잘 돌보시는 줄 믿습니다. 크게 성공하시고 돌아와서 조국의 동포들을 위하여 공헌하게 되기를 바랍니다.

나는 금년 6월 25일로서 복음병원장직을 사임하고 명예 원장으로 진료만 도와주고 1주간은 부산 청십자 의원에서 다음 1주간은 거제도 보건원 부속병원 외과 자문 의사로서 일하고 있습니다. 즉 격주로 거제도를 왕래하게 됩니다.

우리는 하나님의 자녀답게 주안에서 살면서 하나님 나라의 시민답게 이 세상의 빛과 소금의 직분을 다하며 살아야 하겠습니다. 즉 자기를 희생하는 삶을 살고 자기를 죽여서 다른 사람을 살리는 일에 전심하여야 하겠다고 생각합니다. 이러한 사랑을 주님이 우리를 위하여 주셨으니 우리도 서로 사랑하고 형제를 위하여 목숨을 버리는 생활로서 영원한 생명을 얻어야 할 것입니다.

나는 요사이 요한의 사랑의 철학을 공부하고 남을
위하여 자기를 죽이면 영원히 사는 진리를 배우고 그
대로 살기 위해서 기도하면서 살고 있습니다.

그러면 힘써 공부하시고 일 많이 하시기 바랍니다.

장기려 씀

이곳은 몹시 더운 때입니다. 해수욕하기 좋은 때입
니다. 오늘도 2시간 일광욕을 할 예정입니다. 이다음
에 또 소식을 듣겠습니다.

76. 8. 13

전은애님에게

오늘 7월29일 오전 편지를 감사히받아
보았습니다. Mid.wife 공부를 끝마치려고
하니 감사합니다. 하나님께서는 단지
한 사람을 골라오시는줄을 믿습니다

크게 성공하시고 그로하여 사오족의 동포
들을 의화더 공헌하게되기를 바랍니다
나는 금년 6월 25일로서 복음 병원장 직을

사임하고 명예원 장으로 일보 받으라하고
1주간은 부산청십자의원에서 다음 1주간은
거제도보건원 부속 병원 외래 진료의사로서
일하고 있습니다. 즉 격주(隔週)로, 巨濟
島를 往來 하게됩니다

우리는 하나님의 子女 함께, 호안에서
살면서 하나님 나라의 香氣 수에 세상의
빛과 소금의 작분을 다하여 살아가겠
습니다. 즉 자기를희생하는 값을 살고
사기를죽여서, 다른 사람을 살리는 물에
헌신하여야하겠다는 생각 함께, 이러한
사랑을 주의 이우라를의화여 주었으니우리도
서로사랑하고 또 希牲의화여 목숨을 버리는
생활로서 영원한 생명을 얻어야 할것입니다
나는 오사회 오한의사랑과결곡을 공부하는
남은 의화여 자기를죽이면 영원히사는 진라를 배우
고 그대로 살기위해서기도 하며 순고 있습니다.
그러면 힘써 공부하시고 일많이 하시기 바랍니다

장기려 올

이곳은 몹시 더운 때 입니다. 海水浴 하기
좋은 때 입니다. 오는 2 서반 母국방문을 할
예정입니다, 이제는 또 소식을 듣겠습니다

FOLD HERE   접 는 곳

PAR AVION
항공우편

AEROGRAMME

Phoo Un-ai Chun
Smaslitigation. 6
S-416 71
40760019. SWEDEN

Kee-Kyo Chung M.S
Busan, Geoje, Aapge
Busan, Korea

Hakon과 나의 강의

 내가 조산파[8] 공부를 할 때였다. 생물학 클럽 친구들과 같이 숲으로 하이킹을 하러 가게 되었다. 아주 작은 새 'Goldcrest'(상모솔새)의 소리를 들으러 가는 것이었다. 산을 오르며 자연과 만나는 'Field biologist'(생물학자의 야외모임)는 나에게 활력을 주었다. 바쁜 생활에서 잠시 벗어나 땀을 흘리며 등산을 하고 아름다운 자연을 즐기면 일상의 스트레스

---

8) 아이들 낳는 것을 돕는 전문 의료인

는 날아가고 다시 활력을 얻을 수 있었다.

　그곳에서 나는 Hakon을 만났다. 그는 나에게 친절하고 다정한 사람이었다. Hakon과 나는 6년 반을 좋은 친구로 지내다가 1982년 8월 29일에 결혼했다. 나는 그가 인생길을 같이 걸어갈 좋은 친구가 될 것 같았고 그 판단이 옳았음을 지금도 느낀다.

Hakon과 나는 한국 가족들에게 인사하기 위해 1983년 5월에 한국을 방문했다. Hakon은 나의 어머니께 무릎을 꿇고 한국말로 "장모님 안녕하세요" 하고 절을 했다. 그의 노력이 고마웠다. 나만 믿고 낯선 한국으로 따라와 준 남편이 고맙기도 했다. 남편과 함께 장기려 박사님도 찾아뵈었다. 남편 역시 의학 박사였기 때문에 박사님은 반가워하시며 우리 부부에게 고신대학교 간호학과 학생들과 간호사들, 의사들에게 강의를 해달라는 부탁을 하셨다.

나는 박사님과 함께 고신대학으로 가서 열여덟 살에 스웨덴으로 가서 공부를 시작하고 간호사가 되고 조산파가 되어 일한 경험에 대해 강의했다. 남편은 스웨덴 의사로서의 경험을 복음병원과 인제대학교에서 강의했다. 박사님께 도움이 되었다는 생각에 마음이 정말 기뻤다.

1983년 복음병원에서 강의하는 전은애

1983년 인제대학교에서 강의하는 Hakon

강의가 끝난 후 박사님은 우리 부부를 저녁 식사에 초대하셨다. 정성스럽게 준비된 저녁 식사를 하고 박사님과 이런저런 이야기도 나눌 수 있어서 행복했다. 박사님은 나를 사랑해주신 것처럼 나의 남편도 사랑해주셨다. 박사님이 공부하신 결과인 귀한 논문들과 책들에 사인을 해서 Hakon에게 선물로 주셨다. 박사님은 복음병원에서 발행하는 월보도 보여주셨다. 복음병원의 소식도 들어있고, 박사님께서 쓰신 기사도 있었다. 복음병원을 사랑하시는 박사님의 마음이 느껴졌다.

1983년 박사님과 저녁 식사 후에

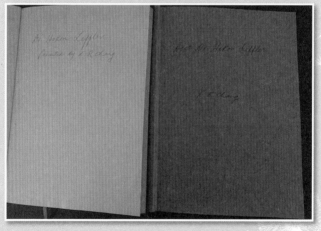

장기려 박사님의 식사도 준비해주시고 건강도 돌봐주시는 분을 그때 만났다. 그녀는 장기려 박사님과 같은 교회에 다니는 분의 딸이었는데 미혼이었고 '오두리'라는 예쁜 이름을 가졌었다. 참 편안하고 친절한 성품이라 처음 만날 때부터 남편과 나를 친절하게 대해주었다. 그때 장기려 박사님은 일흔세 살이셨는데 그렇게 보살펴주시는 분이 계셔서 다행이라는 생각을 했다. 남편과 함께 정원을 보살피시던 외로운 할아버지께도 방문했다. 그 할아버지는 김하종 할아버지신데 1954년부터 장기려 박사님과 계속 함께 일하셨던 분이다. 가족들도 하나 없이 복음병원에서 박사님과 함께 오랫동안 일하셨다. 할아버지는 늘 친절한 분이셨다. 내가 복음병원에서 일하던 열여덟 살 시절, 할아버지는 가끔 정원에 핀 장미꽃과 함박꽃을 정리해서 가져다주시곤 하셨다. 기숙사 좁은 방에 그 꽃을 꽂아 놓는 날이면 방 안이 환해지고 마음이 기뻐졌던 기억이 생생하다.

1983년 장기려, 오두리, Hakon

1983년 정원사 김하종 할아버지와 함께

박사님의 편지 3

　내가 너무나 외로울 때 친구가 되어 준 것은 박사님의 편지였다. 어떤 날은 혼자 외로워 방에 들어온 큰 거미와 친구처럼 이야기하기도 했다. 하지만 거미는 내 이야기를 듣고 대답을 해주지 않았다. 그럴 때 장기려 박사님께 편지를 쓰고 답장을 기다리면 큰 위로가 되었다. 박사님은 내 편지에 꼬박꼬박 답장을 해주셨다. 나는 박사님의 편지를 읽고 또 읽으며 눈물을 닦고 일어서 다시 힘차게 살 수 있었다.

　박사님은 기쁜 일도 슬픈 일도 같이 해주시는 나

의 좋은 벗이자 스승이자 아버지셨다.

1984년 12월, 첫 딸이 태어났을 때도 박사님은 축하해주시는 것을 잊지 않으시고 함께 기뻐해 주셨다. 첫째가 5주밖에 안 되었을 때 우리 가족은 미국 Sandiego, La Jolla(샌디에고 라졸라)로 이사하게 되었다. 남편이 미국에 있는 UCSD(University of California San Diego 캘리포니아 샌디에고 대학교)에 일하러 가게 되었기 때문이었다. 박사님은 아는 분의 주소까지 알려주시며 낯선 곳으로 떠나는 우리를 격려해주셨다.

1985, 1. 4

은애님에게

아기를 출생하셨다니 기쁨과 감사를 드립니다.

1984.12.25. 구주 성탄절에 출생한 것 더욱 뜻이 깊고 하나님께 감사드립니다. 잘 교육해서 하나님의 뜻대로 길러서 사회에 내놓아야 하겠습니다. 구주를 증거하는 인물로 양성하게 되기를 빕니다.

장 기려, 오 두리

Dear Dr. Hakon

친절한 편지와 처음 보는 아름다운 꽃사진은 잘 받았습니다. 아기가 태어났다니 축하합니다. 미스 오와 나는 잘 지냅니다.

최근에 나는 북한에 있는 나의 가족에 대한 이야기를 들었습니다. 그들 모두 잘 있다네요. 만약 평화가 온다면 나는 가족들을 만날 수 있겠지요. 하나님의 축복이 당신과 샌디아고 캘리포니아 대학 연구소에 있기를 기원합니다.

나의 친구 '이선'이 샌디에고에서 일하고 있습니다. 만약 만나게 된다면 그에게 안부 전해주세요.

장기려 박사

Best Wishes for
A Merry Christmas and
A Happy New Year

INJE UNIVERSITY MASTER PLAN

즐거운 성탄을 경축하오며
새해를 맞이하여
다복하시기를 비나이다

學校法人 仁 濟 學 國學院朝院長 呂沄鍾
仁 濟 大 病
理 事 長 白 院 釋慶東起容乘夏
中央醫療院長 白申張金崔
原 名
譽醫療院長
副醫療院長
副醫療院長
釜山白病院長

진은애님에게
아기를 출생하셨다니 기쁘기 한없음 느낍니다
1989.12.25일 우주선전으로 출생했겠
어릴 맛이 길고 자났에 잔하드했네요
할(모색 커니)지나온의 맛 어로 잘 어서 사회에
비롤이 아 가겠습니다. 우는 온통거와는
온을로 안녕하거러기를 빈ㅁ요
          good luck
              황 지 영
              오 두 리

Dear Dr. Habon.

I have received your kind letter and
beautiful photo of handbunship flower which is
my first ever. Congratulations for your new
born baby. Mire th and I living well.
Recently, I have heared about my family
in north korea. They are all living well. If
the peace comes, I can meet them.

God bless you for your further research
at University of California, San Diego.
My friend San Lee M.D. is working at San Diego
University (Microsurgical department). If you meet him,
Please regard him. Best wishes
                              Dr. K. R. Chang

전은애님

축하드립니다. 아이를 얻으시고 또 La Jolla CA로 이사하셔서 기후 좋은 곳으로 가셨으니 축하드립니다. 이곳은 봄비가 나리고 있어서 조금 윤택한 느낌을 얻을 수 있습니다. 나는 나이가 점점 더 들어가서 심신이 조금 쇠약해가고 있으나 하나님의 은혜로 전과 같이 일하고 있습니다. 은혜를 주시면 조국의 평화와 인류의 평화를 위하여 살고자 합니다.

Sandiego에 나의 친구가 있으니 만나보시고 교제하시면 좋을 것 같습니다. Dr.Kim은 열심 있는 크리스천입니다.

장기려 드림
Leffler 박사에게도 잘 문안드려주십시요.

린 은애님

축하드립니다. 아이를 얻으시고 또 La Jolla CA로 이사 가셔서 기쁨을 것으로 자랐으나 축하드립니다. 우리는 본 배가 나와 있어서 조금은 덕은 느낌을 갖을수 있습니다. 나는 나이가 점 더 들어가서 칠십이 초근 와 맥 해 가고 있으나 하나님은 체로 전과 같이 일 하고 있습니다. 은 혜를 주시면 조국과 평화 와 인류의 평화를 위하여 일고저 합니다.

Santiego 에 나의 친구가 있으며 만나보시고 고려 하여 면 좋은것 같습니다.

Dr. Sun and Jean (Lee 박사)
6462 Cardeno Drive
La Jolla, Calif 92037.

그리고 Dr. Songbaek Kim (314) 432-3394.
11914, Shallow-brook
ST. Louis, Mo. 63141.

들을 소개 합니다. Dr. Kim 은 열심있는 Christian 입니다.

장기 려 드림
Dr. Leffler 에게도 안부로 드려주십시오

1986년에는 San Francisco(샌프란시스코)로 이사를 하게 되었다. 남편은 UCSF (University of California San Francisco 캘리포니아 샌프란시스코 대학교)에서 박사학위를 받고 교수로, 과학자로 1997년까지 일했다. 나는 남편이 일을 잘 할 수 있도록 한국 여자들처럼 도왔다. 책임감을 가지고 열심히 가정을 돌봤다. 집안일과 아이들을 돌보는 일을 성실하게 했을 뿐 아니라 바깥일도 열심히 했다. "LA FLEUR'S CATERING[9]"을 차려 3년 반 동안 일했다. 웨스터민스터 장로 교회에 교인들의 음식을 만들어 주는 책임자로 일하기도 했고, 결혼식 음식이나 홈리스를 위한 음식을 만들어 주기도 했다. 열심히 일한 덕분에 아들이 원하는 멋진 피아노도 사줄 수 있었다. 몇 년 동안이나 낮에는 일하며 밤에는 잠을 줄여 공부했다. 덕분에 1996년에는 Montessori Preschool(몬테쏘리 유치원)에서 일할 수 있는 교사 자격증도 딸 수 있었다. 나도 내 엄마처럼 가정을 지키는 강한 엄마가 되어가고 있었다.

---

9) (행사 · 연회 등을 대상으로 하는) 음식 공급업

박사님, 나의 은인

　1986년 장녀 Marta가 한 살 반이었을 때 부산 가족들을 방문하기 위해 한국에 같이 나온 적이 있었다. 너무 어린아이인데 먼 길을 와서 그랬을까? Marta는 갑자기 심한 장염에 걸렸다. 토하고 설사하며 살이 쭉쭉 빠지고 기진맥진해가는 아이를 집에서 간호하다 더는 손쓸 방법이 없어 장기려 박사님께 전화를 걸었다.

　"그럼 나한테 어서 오너라."

박사님이 계시는 청십자병원으로 정신없이 달려갔다. 병원에 도착하자마자 박사님은 딸아이를 보시고 급히 복음병원에 입원시켜주셨다. 아이가 완전히 탈진했다고 링거로 영양을 공급해 줘야겠다고 하시며 응급환자로 받아주셨다. 박사님이 나의 딸 Marta의 생명을 살려 주신 것이다. 진실로 고마웠다. 그때 장기려 박사님은 Marta를 위해 나와 함께 침대 옆에서 기도를 해주셨다.

　그때 박사님의 도움으로 위기를 넘기고 살아난 나의 딸도 지금 스웨덴에서 마취과 의사로 환자들을 도와주며 살고 있다. 어려운 이들을 도와주시던 박사님처럼 거리의 노숙자들을 도와주고, 의료적인 도움이 필요한 사람들을 도와주는 의사가 되었다. 나는 믿는다. 나의 딸 Marta도 박사님처럼 아름답게 살아가는 또다른 민들레가 될 것이다.

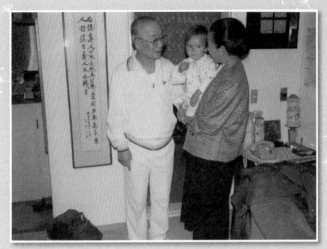

1986년 박사님과 나, 나의 딸 Marta

1986년 김하종 할아버지와 나, 나의 딸 Marta

2부
다시 피어난
민들레

전은애(全恩愛)

1948년	6월 17일 황해도 출생
1963년	부산 훈성여자상업학교 입학
1966년	부산 복음병원 간호보조원으로 근무

1966년	8월 24일, 고학생으로 홀로 Sweden으로 떠남
1972년	스웨덴 Uppsala 간호 대학교 졸업
1977년	조산파(Midwife) 코스 졸업 Gothenburg, Sweden
1982년	지역 담당 간호사 코스 졸업 Umeå, Sweden
1982년	8월 29일, Hakon Leffler와 결혼
1991년	캘리포니아 요리 아카데미 졸업, San Francisco, USA
1996년	샌프란시스코 몬테소리 교사 학교 졸업, San Francisco, USA
2000년	룬드 Folkuniversity 아트 코스 졸업
2013년	룬드 Folkuniversity Art and Culture 코스 졸업
2013년	룬드 대학 병원 조산파 은퇴 후 갤러리 아티스트로 활동
2020년	화가가 되어 현재까지 남편 Hakon Leffler와 딸 Marta, 아들 David와 Sweden Lund에서 행복하게 살고 있음

은애로 피어나다

어린 은애는 실향민이었습니다. 실향민이라고 부르기에는 너무 어린 나이에 고향을 떠났지만 지금도 전쟁의 공포와 아픔, 고향을 잃은 안타까움을 고스란히 기억하고 있습니다. 전쟁 중에 영양실조로 돌아가신 할아버지의 죽음을 기억하고, 살기 위해 아수라장이 된 피난길을 생생하게 기억합니다. 힘들게 살아가던 피난살이의 하루하루도 낱낱이 기억하고 있습니다. 은애는 고향 황해도에서 부유한 과수원집 아이로 태어나 넉넉함을 누리고 살았습니다. 전쟁이 은애의 삶을 완전히 뒤바꾸어 놓은 것입니다. 엄마 품에 안겨 피난길을 떠난 그 순간부터 은애는 더이상 부잣집 막내 손주가 아니라 피난민의 아이가 되었습니다.

소녀 은애는 노래하는 걸 참 좋아했습니다. 교회에서 찬양을 하고, 가족들과 함께 노래를 부를 때면 세상 누구도 부럽지 않을 만큼 행복했습니다. 그 사랑으로 가난한 학창 시절을 버텨내었습니다. 가난이 은애를 무릎 꿇게 하지는 못했습니다. 은애는 가족과 함께 행복하게 살기 위해 열심히 일했고, 열심히 공부했습니다. 그리고 꿈을 꾸었습니다. 언젠가 멋지게 나만의 삶을 일궈내리라 생각하며 꿈을 찾아 동분서주하였습니다.

1965년 겨울 훈성여자상업학교(야간학교) 친구들과
사진 속 동그라미 한 인물이 은애

고등학교 졸업을 앞두고 복음병원과 장기려 박사님을 만난 것은 은애에게 큰 행운이었습니다. 의료인으로서 헌신적이고 모범적인 삶을 사신 장기려 박사님의 삶은 은애의 삶에 꿈을 주었습니다. 넓은 세상으로 나가 꿈을 펼칠 용기도 주었습니다.

젊은 은애는 민들레 홀씨처럼 태어난 곳에서 먼 곳으로 날아가 자신의 삶을 찾기 위해 눈물을 참고 그리움을 누르며 묵묵히 자신만의 삶을 키워냈습니다. 은애의 눈물은 은애의 삶이 뿌리를 내리고 싹을 틔우고 쑥쑥 자라게 한 빗물이 되었으며 사랑하는 가족들의 기도는 은애를 버티게 한 든든한 토양이 되어 주었습니다. 그리고 그분, 장기려 박사님의 마음은 은애를 키우는 자양분이 되었습니다.

결혼을 하고 한 가정을 꾸리며 아내이자 엄마가 된 은애는 더는 외롭지 않았습니다. 자상한 남편과 사랑스런 아이들은 은애가 피운 예쁜 꽃이 되어 주었습니다. 은애는 이 가정을 지키기 위해 누구보다

1972년 12월 20일
Uppsala Sweden 간호사 졸업

1977년 2월 1일
조산파(Midwife) 졸업

열심히 삶을 살아내었습니다. 그 시대를 살아낸 한국 땅의 어머니들처럼 억척스럽게 일하며 아이들을 열심히 뒷바라지했습니다. 하지만 단지 어머니로서, 아내로서 뿐만이 아니라 온전한 자신만의 삶을 세우기 위해 끊임없이 배우고 공부하며 자신을 발전시켜 나갔습니다. 덕분에 간호사였던 은애는 요리사가 되기도 하고 선생님이 되기도 하며 인생의 수많은 경험을 쌓을 수 있었습니다. 은애는 하워드 밀러의 그림 'We can do it'을 좋아합니다.

제2차 세계대전 당시 미국의 경제를 지탱했던 여성들을 상징하는 그림 속 '리벳공 로지'처럼 은애의 삶은 늘 씩씩했고, 도전의 연속이었습니다.

We Can Do It! 포스터 (J. 하워드 밀러, 1943년)

이제 초로의 여인이 되어 일선에서 은퇴하여 편안한 삶을 누리고 있는 은애는 화가가 되었습니다. 은애가 그린 그림 속에도 어려움 앞에서 늘 포기하지 않았던 그녀의 마음이 고스란히 들어있습니다. 은애의 그림은 어두움보다는 환희가 넘칩니다.

민들레 소녀 (은애의 그림)

❶ Longing for freedom (Handkerchief tree with balloons)
❷ Sun in storm (Rock and Sea)
❸ Country road
❹ Never give up (Girl power)

은애는 2018년 12월에 남편 Hakon, 딸 Marta순애, 아들 David용민과 함께 한국을 방문했습니다. 가족들과 함께 추억이 가득한 부산을 돌아보며 장기려 박사님을 기념하는 '더 나눔센터'에도 들렀습니다. 그곳에서 박사님을 추억하며 박사님의 사랑을 다시 기억하게 되었습니다. 그리고 추억의 상자 속에 묻어두었던 박사님에 대한 기억들을 하나하나 꺼내게 된 것입니다.

은애가 찍은 가족사진

장기려 박사님 기념관
'더 나눔센터'에서

장기려(張起呂)

1911년	평안북도 용천 출생
1932년	경성의학전문학교 수석졸업
1940년	평양 연합기독병원(기홀병원) 외과 과장
1943년	우리나라 최초 간 절제 수술 성공
1947년	평양의과대학 외과 교수
1950년	부산 제3육군병원 외과
1951년	부산 복음의원 초대 원장
1959년	한국 최초로 간암 환자 간 대량절제술 최초 성공
1968년	부산 복음간호전문대학 학장
1968년	청십자의료보험조합 설립
1974년	한국간연구회 초대회장
1975년	청십자병원 개설
1976년	국민훈장 동백장
1979년	라몬 막사이사이 사회봉사상 수상
1995년	12월 25일 소천

성산 장기려의 삶

　거룩한 산, 성산(聖山) 장기려. 가진 것은 모두 가난한 이웃들에게 나눠주고 오직 하나님을 위해, 그리고 가난한 조국의 가련한 국민들을 위해 자신의 삶을 내어주신 분.

　박사님의 삶은 과연 그 누구보다 거룩한 삶이셨습니다. 그분의 뜻은 높았으며 그분의 삶은 정의로웠습니다. 그리고 그분의 삶은 오직 사랑이셨습니다. 박사님을 기리는 소설과 평전들에는 박사님의 사랑을 증명하듯 수많은 일화들이 담겨있습니다. 혈액이 필요한 환자를 위해 망설이지 않고 자신의 피를 내어주시던 일, 월급으로 받았던 수표를 걸인에게 아낌없이 주신 일, 가난하여 병원비를 낼 수 없는 환자를 뒷문으로 몰래 보내준 일, 행려병자들을 무료로 치료하신 일.... 그 모든 선한 일들이 그분의 성품을 오롯이 드러내고 있습니다.

평생 남을 위해 사시면서도 원리와 원칙을 잃지 않으시던 분, 어떤 회유나 겁박에도 흔들리지 않고, 돈과 명예의 유혹에도 굴하지 않던 박사님은 의롭게 살려는 만큼 고초도 많으셨습니다. 북에 계실 때는 알려진 명성에도 불구하고 하나님을 섬기는 사람으로 사회주의와 맞서야 했고, 월남하신 후에는 북에서 유명한 의사로 대우받은 일로 자주 방첩대에 끌려가 문초를 당하기도 했습니다. 복음병원을 시작하던 시기에는 억울한 누명으로 병원장 일을 내려놓기도 했습니다. 하지만 어려운 일을 당할 때도 박사님은 언제나 생각을 굽히지 않고 의롭다고 여기신 그 길을 걸으셨습니다. 결국, 모두가 그분의 행보를 지지할 수밖에 없었습니다.

박사님이 이 땅에 남기신 업적은 크고 넓습니다. 간에 관한 연구를 활발하게 진행하셨고 1959년에는 간 대량 절제 수술에 성공하여 1961년 대한 의학회 학술상을 수상하셨습니다.

천막 병원 진료 모습

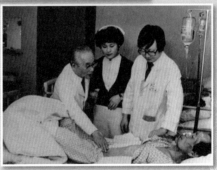

복음병원 원장 시절 장기려 박사님

1974년에는 한국간연구회를 창립하고 외과학 분야의 발전에 선구자적 역할을 하셨습니다. 한국 전쟁 당시 시작된 복음병원은 당시 가난한 사람들을 위한 무료병원으로 시작하였으며 후에 고신대학으로 거듭나 많은 의사와 간호사를 길러내어 의료 혜택이 부족했던 의학계의 밑거름이 되기도 했습니다.

복음병원 원장 시절 장기려 박사님

청십자병원 의료진

더불어 1968년에는 청십자 의료보험조합을 발족하여 영세민들에게 의료복지 혜택을 주기 위한 기틀을 마련하였고, 1975년에는 의료보험조합 직영의 청십자병원을 개설하기도 하였습니다. 이러한 공로를 인정받아 1979년에는 막사이사이[10] 사회봉사상을 수상하기도 하였습니다.

막사이사이상 수상 모습

---

10) 필리핀의 전 대통령 라몬 막사이사이의 공적을 기리기 위해 1957년 제정된 국제적인 상으로, '아시아의 노벨상'으로 잘 알려져 있다. 매년 막사이사이의 생일인 8월 31일에 시상식을 열고 종교, 국가, 인종, 계급 등의 차별 없이 아시아를 위해 공헌한 사람들에게 주어진다.

이 외에도 1970년 만성간질환자들의 모임인 부산 장미회를 창설하고 무료 진료를 이어갔으며 1981년 부산 생명의 전화 개설 등 지역사회에서 소외된 사람들을 위해 헌신적으로 봉사한 공로를 인정받아 대한민국 국민훈장 동백장, 호암상 사회봉사부분, 자랑스러운 서울대인상, 인도주의 실천 의사상, 국민훈장무궁화장 등을 받기도 했습니다.

박사님은 무엇보다도 하나님의 말씀대로 살기를 소원한 진실한 크리스천이셨습니다. 경성의전 입학 당시 '가난하고 헐벗은 불쌍한 환자들의 의사가 되겠다'라고 하나님과 약속을 했고, 그 약속을 평생 지킨 헌신적인 의사가 되셨습니다.

멀리 타국에 있는 은애에게 보냈던 편지들 속에도 박사님의 신앙적인 노력과 가난한 국가를 위해 의학과 의료 혜택 분야를 발전시키려는 박사님의 진심 어린 마음이 담겨있었습니다. 박사님이 은애에게 남겨주신 복음병원 월보를 통해서도 박사님의 열정은 묵직하게 다가옵니다.

제 30 호 　　　　Gospel Hospital Bulletin　　　　1983 년 6 월 1일

●이달의 성경●

군사로 다니는 자는
자기생활에 위메이는 자
가 하나도 없나니 이는
군사로 모집한 자를 기
쁘게 하려 함이라.

〈디모데후서 2장 4절 〉

월　　간

복음병원

고신대학 의학부 부속 복음병원

발행인:박 영 훈
편집인:김 석 영
발행처:복음병원
　　　　원 목 실

600

부산시 서구 암남동34
전화 25-5161-5
　　　26-5161-8

지혜는 밝혀야 한다.

장 기 려
(복음병원 명예원장)

복음병원 월보가 얼마동안 중단
되었다가 다시 부활된 것을 경하해
마지 않습니다. 그 간에 복음병원은
정적으로 또 양적으로 큰 부흥을
가져 왔다. 이 급속도의 발전에는
이유가 없을 수 없다. 먼저 집행부
를 맡은 분들의 신앙과, 치밀한 계
획, 그리고 그 실천에 정열을 다한데 있다고 나는 믿는다.
과거 7,8년간에 있어서 크게 발전한 사항을 열거한다면
1. 최신 진단기와 치료기를 도입하여 환자에게 유익을 준
점이다. 즉 암센타를 설립하여 암의 진단을 면밀히 하고
또 강력한 방사선 요법으로 수술 불가능한 자궁암의 치
료, 임파선 악성종양의 치료에 크게 공헌하였으며, 또한
흉부터 단층촬영에 의한 두개강내 질환 유무출혈, 종양능의
진단에 크게 공헌한 점을 들수 있다.
2. 고신대 의학부를 신설해서 의학도를 교육, 양성하는
일이다. 현재는 교실과 실습실이 부족하지마는 교직원이
일심 단결하여 타개하고 있으므로 가까운 장래에 해결될
것으로 안다. 특히 높이 평가하고 싶은 것은 국내와 미국을 비
롯한 유럽지역에서 구하기 어려운 교수진을 많이 획득한
일이다.
3. 2개월 전에는 고신의대 생리학교실에 박교수님을 모

시고 장수의학 연구소를 창설할 것이다. 특히 이 방면에
세계적 권위자인 휴식기교수님의 협조를 얻게 된 것은 다
행이라 생각된다.
4. 환자는 날로 증가하여 입원실이 부족하게 되어 크게
곤난을 받고 있는 중 현재 전면에 우뚝솟은 고신 의료원
이 증축되는 것을 볼 때, 하나님의 은혜가, 어떻게 큰것
을 느끼지 않을수 없다.
이상의 여러가지 발전상을 볼 때에 한편으로 감사의 마
음을 금할 수 없으면서, 한편으로는 책임감의 중책을 느
끼게 된다. 책임자는 물론, 그의 협조자들도 연구와 활동
에 전력을 기우리고 있지만 나는 여러분의 합심, 노력의
성과를 나타내어 하나님께 영광이요 사람에게는 많은
사람들에게는 기쁨과 평화가 되어지기를 간구하는 바이
다. 이것이 본원 개원시 부터의 목적이었고 우리 직원들
의 사명이었다. 이것이 이루어 져 간다고 느낄 때 하나님
의 은혜와 축복에 감사드리면서 우리들의 사명을 더욱 큰
것이므로 더욱 존경하여 분발하여야 하겠다.
이 월보에 보고되는 것이 진실과 사랑으로 충만하게 지
기를 바라 마지 아니한다. 그리고 의학의 최 첨단의 학술
의 지식과 인격의학에 대한 논의가 실어 지기를 바라 마
지 아니한다.

지혜는 밝혀야 한다.

(1983년 6월 1일 복음병원 월보)

장기려(복음병원 명예원장)

복음병원 월보가 얼마동안 중단되었다가 다시 부활된 것을 경하해 마지 않는다. 그 간에 복음병원은 질적으로 또 양적으로 큰 부흥을 가져왔다. 이 급속도의 발전에는 이유가 없을 수 없다. 먼저 집행부를 맡은 분들의 신앙과 치밀한 계획 그리고 그 실천에 정열을 다한 데 있다고 나는 믿는다.

과거 7, 8년간에 있어서 크게 발전한 사항을 열거한다면

1. 최신 진단기와 치료기를 도입하여 환자에게 유익을 준 점이다. 즉 암센타를 설립하여 암의 진단을 면밀히 하고 또 강력한 방사선 요법으로 수술 불가능한 자궁암의 치료, 임파선 악성 종양의 치료에 크게 공헌하였으며 또한 컴퓨터 단층촬영에 의한 두개강 내 질환 즉 출혈, 종양 등의 진단에 크게 공헌한 점을 들 수 있다.

2. 고신대 의학부를 신설해서 의학도를 교육, 양성하는 일이다. 현재는 교실과 실습실이 부족하지마는 교직원이 일심 단결하여 타개하고 있으므로 가까운 장래에 해결될 것으로 안다. 특히 높이 평가하고 싶은 것은 국내와 미국을 비롯한 유럽지역에서 구하기 어려운 교수진을 많이 획득한 일이다.

3. 2개월 전에는 고신 의대 생리학 교실에 바 교수님을 모시고 잠수 의학 연구소를 창설한 것이다. 특히 이 방면에 세계적인 권위자인 홍석기 교수님의 협조를 얻게 된 것은 다행이라 생각된다.

4. 환자는 날로 증가하여 입원실이 부족하게 되어 크게 곤란을 받고 있는 중 현재 전면에 우뚝 솟은 고신 의료원이 증축되는 것을 볼 때 하나님의 은혜가 어떻게 큰 것을 느끼지 않을 수 없다.

이상의 여러 가지 발전상을 볼 때에 한편으로 감사의 마음을 금할 수 없으면서 한편으로는 책임감의 중책을 느끼게 된다. 책임자는 물론, 그의 협조자들도 연구와 활동에 전력을 기울이고 있지만 나는 여러분의 합심, 노력이 성과를 나타내어 하나님에게 영광이요. 사람에게는, 많은 사람들에게는 기쁨과 평화가 되어지기를 간구하는 바이다. 이것이 본원 개원 시부터의 목적이었고 사명이었다. 이것이 이루어져 간다고 느낄 때 하나님의 은혜와 축복에 감사드리면서 우리들의 사명은 더욱 큰 것이므로 더욱 존절하여 분발하여야 하겠다.

이 월보에 보고되는 것이 진실과 사랑으로 충만하게 되기를 바라 마지아니한다. 그리고 의학의 최첨단의 학술의 지식과 인격 의학에 대한 논의가 실어지기를 바라마지 아니한다.

박사님이 타계하시기 직전, 사랑하는 제자들이 박사님의 흉상을 만들어 드리기 위해 사진기사를 방으로 데리고 갔다는 일화도 유명합니다. 그때 박사님은 중환으로 기력이 없으셨지만, 갑자기 분노하시며 "내 흉상을 만드는 놈은 지옥에나 떨어져라!"라고 일갈했다고 합니다. 진정한 복음주의 크리스천이셨던 장기려 박사님에게 흉상을 만든다는 건 우상을 만들어 십계명을 어긴다는 것과 같은 의미였기 때문이었다고 합니다. 그뿐 아니라 평생을 낮은 곳에서 낮은 자들을 섬기신 박사님의 삶의 자세를 그대로 보여주는 일화이기도 합니다.

한국 전쟁이 일어난 1950년 박사님은 사랑하는 아내와 자녀들을 북에 두고 내려올 수밖에 없었습니다. 병원에 일이 남았던 박사님은 아내와 아이들을 피난 행렬을 따라 먼저 보내고 나중에 병원에서 제공한 차를 타고 피난에 나섰습니다. 그러나 피난 행렬을 따라가던 차가 박사님의 가족을 지나치고 말았습니다.

박사님은 차 안에서 아내와 아들 딸을 보았지만 끝내 차 문을 열어 태우지 못했다고 합니다. 안타까운 심정으로 차창 밖의 아내와 자녀들을 본 것이 마지막 순간이 되어 버린 것이지요. 차 문을 열면 피난 객들이 너도나도 달려와 태워달라고 아우성을 치고 차에 오르려 했을 것이고 피난길은 큰 혼란으로 희생자가 생길 수도 있는 상황이었기에 어쩔 수 없는 선택이었던 것입니다. 박사님은 엄마와 같이 피난길에 나섰다가 아버지의 물건을 전달하기 위해 집으로 돌아갔던 차남 가용이와 만나 함께 월남하였다고 합니다. 가용이만이 평생 박사님 곁을 지키는 유일한 자식이 된 것입니다. 가족을 잃은 박사님의 마음은 타들어 갔을 것입니다. 자신이 다른 사람을 도우면 북에 남은 가족들을 누군가 도울 것이라는 마음으로 평생 남을 위해 사셨다는 박사님의 말씀은 박사님의 안타까움을 고스란히 보여줍니다. 그럼에도 불구하고 박사님은 유명세에 기대어 남과 다른 혜택을 보지 않겠다는 마음으로 '남북 이산가족 상봉' 때 정부가 제안한 특별 상봉을 거절했다는 일화도 있습니다.

박사님의 가족사진, 윗줄 오른쪽이 박사님
그 아래 아이들 안고 있는 사람이 박사님의 아내

평소 검소하게만 사시던 박사님이 어느 날 해외 여행이 가고 싶다고 했다는 이야기도 있습니다. 알고 보니 사회주의 국가 동베를린에 가려는 것이었답니다. 거기에 가면 북에서 헤어진 장남 학용이를 만날 수 있다는 소식을 들었기 때문이라고 합니다. 아버지와 같이 의사가 된 학용이가 동베를린의 학회에 참석한다는 소식에 눈물을 흘리며 가려 했다는 것입니다. 안타깝게도 박사님은 돌아가시기 전까지 북의 가족들 누구와도 끝내 상봉하지 못하셨다고 합니다. 박사님은 평생 그렇게 가족을 그리워하시며 복음병원 옥탑방에서 가진 것 다 내어주시며 예수님처럼 사시다 예수님의 생일 크리스마스에 이 땅을 떠나셨습니다.

수많은 가난한 환자들을 살리신 장기려 박사님, 가난한 환자들을 위해 이 땅에 '의료보험'을 만들어 세우신 분, 사람을 사랑하는 진짜 의사로 살아가신 분, 그분의 거룩한 삶 앞에 절로 고개가 숙여집니다.

이야기를 맺으며

  이제 민들레 소녀와 바보 의사 장기려 박사님의 이야기를 맺으려 합니다. 은애가 기억하는 장기려 박사님과의 일들은 유별나거나 거창하지 않았습니다. 소소하고 따뜻한 이야기들 뿐이었습니다. 하지만 덕분에, 박사님의 삶이 시나브로 은애의 삶에 스며들었을 것입니다.

  이모와 장기려 박사님의 이야기를 받아들고 읽어 내려가던 저는 박사님의 삶이 믿기지 않을 만큼 이

타적인 삶이었음을 알게 되었습니다. 박사님의 삶은 '한 알의 밀알'[11]이 되는 삶이었고, 박사님이 원하시던 대로 예수님을 닮은 삶이었습니다. 자신의 것으로는 무엇 하나 탐내지 않은 진짜 바보 의사이셨습니다. 그때부터 저는 '장기려'라는 이름 석 자가 적힌 책이라면 가리지 않고 이책 저책을 섭렵하며 박사님의 삶을 알아가기 시작했습니다.

박사님의 삶은 분명 누구도 따라 하기 힘들 만큼 의롭고 강직하며 사랑으로 가득한 삶이셨습니다. 많은 사람이 그분을 존경했고, 그분의 선한 영향력은 가난하고 힘들었던 대한민국의 많은 것을 바꾸어 놓았습니다. '업적'이라 이름 붙일 만한 일들도 수없이 많았습니다. 그러나 박사님의 삶이 아름다웠던 진짜 이유는 이 땅에 세워 놓으신 지대한 업적들 때문이 아니라 자신을 만났던 한 사람 한 사람을 진심으로 대하신 박사님의 사랑 때문이었습니다.

---

11) 내가 진실로 진실로 너희에게 이르노니 한 알의 밀이 땅에 떨어져 죽지 아니하면 한 알 그대로 있고 죽으면 많은 열매를 맺느니라. (요한복음 12장 24절)

그 사랑이 수많은 사람을 살리고 수많은 사람을 일으켜 세웠을 것입니다.

이모와 박사님의 이야기가 우리의 삶을 좀 더 아름답고 따사롭게 만드는 작은 빛이 되었으면 좋겠습니다. 의로웠던 박사님의 삶을 보며, 혹은 박사님이 주신 사랑을 잘 지켜낸 이모의 삶을 보며, 삶이 지치고 고단할 때 살아갈 용기와 의미를 느낄 수 있었으면 좋겠습니다. 삶은 그저 살아지는 것이 아니라 소중한 만남들이 모여 사랑으로 보듬고 다독이며 살게 되는 것이라고 두 분의 삶이 이야기하고 있습니다. 결국 우리네 삶이란 이렇게 작은 인연들이 모여 사랑을 만들고 사람을 만드는 것이니까요.

2020년 12월
엮은이 최혜정

생애여름 02

민들레 홀씨처럼

초판 1쇄 발행 2020년 12월 25일

엮은이　최혜정
펴낸이　최혜정
펴낸곳　도서출판 생애

일러스트　남서연
편집기획　연기획
디자인　주기선
인쇄　(주)교학사

출판등록　2019년 9월 5일 제 377-2019-000077호
주소　수원시 팔달구 권광로 373
이메일　saengaebook@naver.com

ⓒ 최혜정 2020
ISBN　979-11-970261-2-6

생애여름은 '도서출판 생애'의 에세이입니다. 여름 햇살처럼 뜨거운 생의 열정들을 담았습니다.

그림제목 Sun in storm (Rock and Sea)

Email: Uleffler@gmail.se Mt:+46(0)706190617

그림제목 Longing for freedom (Handkerchief tree with balloons)

Email: Uleffler@gmail.se Mt:+46(0)706190617

그림제목 Never give up (Girl power)

Email: Uleffler@gmail.se Mt:+46(0)706190617

그림제목 Country road

Email: Uleffler@gmail.se Mt:+46(0)706190617